LÍNGUA SEM VERGONHA

Josué Machado

LÍNGUA SEM VERGONHA

a busca do estilo perdido numa análise bem-humorada dos golpes sofridos pelo Português nos meios de comunicação

CIVILIZAÇÃO BRASILEIRA

Rio de Janeiro | 2011

PROJETO GRÁFICO DE MIOLO
FA Editoração

CIP-BRASIL. CATALOGAÇÃO-NA-FONTE
SINDICATO NACIONAL DOS EDITORES DE LIVROS, RJ

M129l Machado, Josué Rodrigues Silva
Língua sem vergonha / Josué Rodrigues Silva Machado. — Rio de Janeiro: Record, 2011.

ISBN 978-85-200-0999-4

1. Jornalismo — Linguagem. 2. Língua portuguesa — Estilo. 3. Linguagem e línguas. I. Título.

10-5172 CDD: 401.41
CDU: 81'42

Este livro foi revisado segundo o novo Acordo Ortográfico da Língua Portuguesa.

Direitos desta edição adquiridos pela
EDITORA CIVILIZAÇÃO BRASILEIRA
Um selo da
EDITORA JOSÉ OLYMPIO LTDA.
Rua Argentina 171 – 20921-380 – Rio de Janeiro, RJ – Tel.: 2585-2000

Seja um leitor preferencial Record.
Cadastre-se e receba informações sobre nossos lançamentos e nossas promoções.

Atendimento e venda direta ao leitor:
mdireto@record.com.br ou (21) 2585-2002

Impresso no Brasil
2011

Para Lenise,
que me dá força
e para os frutos,
Selma e Vanessa.

Sumário

13 O porquê deste livro
15 Couro feminino
17 Seios de quê?
18 Um copo de água
19 Onde e aonde
21 Normal x comum
24 O chamego do macaco
26 Curiosidades da acentuação
29 Os acentos perdidos
31 O ídolo de Pau Grande
33 Os cuidados com ver e vir
35 Ronaldinho é um ludópeda!
38 Entre mim e ele ou entre eu e ele?
41 Dia a dia só há um
43 O franzir dos olhos
46 O linchamento e a pecadora
52 Onde ficam os quintos?
57 O nó do detalhe
58 A despesa do astro inglês
61 Descendo para baixo
63 *Os Maias* na TV
66 Fique à vontade
70 Uma avenida do outro mundo
71 O parto de Maria

72 Caruso em Nápoles
73 Libido à solta
75 Olha só, é ruim, hein?
78 Incidente na China
83 Legendas espantosas
89 O vírus e o prazer
91 Cinco pecadinhos
94 A vírgula sem humilhação
97 "Dois real" por quê?
100 A vida como um todo
102 Tarzã e as macacas
105 Ao pé da cadeirinha
108 O malgaxe e a concordância
110 A chave de ouro
112 Os anéis de Gardel
113 As pupilas e os putos
115 Confusão à mesa
117 Demais ou de mais?
120 Mamprin e os clichês
121 Eta ano bom!
123 Culpa da Hebe
125 A invasão das mulheres
128 Gil Vicente e sua senhora
131 EUA na dança
134 Sopapos linguísticos
137 Emílio e sua caranguejola
140 Mulher macha
142 A ameaça do Drácula
144 A imagem errada
145 Nhem-nhem-nhem na casa da mãe joana
146 Coisa fofa
149 Quem faz o quê?
151 Só pode quem pode
152 Um espião na Antártida
155 Falência anunciada
157 O ebola e a diplomacia
161 A geleca muda e fica igual
163 O estômago e a vírgula
167 Bujão ou botijão?
169 Amor de silicone

171 O "x" do câmbio
173 Imperador de novela
176 A moça e o maridão
177 O "Mercosur"
179 O amor do delegado
181 O dr. Egas, o latim e o feitiço
183 Jobim e a Mata Atlântica
185 O eme de acupuntura
186 Pra lá e pra cá
187 O oligopólio e os dicionários
189 A operação que deu certo
191 Apreciar o quê? Ou um filhote do economês
194 Qual é o gás mesmo?
196 Devido ao dolo
198 Cada macaco no seu galho
200 O dublê, o céu e a terra
202 "Ele" é masculino?
203 Resumos mutantes
205 Bagatela é muito ou pouco?
207 Teologia federal
209 Tropeço de quem?
211 Biquinhos assobiantes
213 A arte de flexibilizar
216 Muito prazer
218 Bebê a bordo
220 Pontapé certeiro
222 Regências indigestas
225 O âmago da questão
227 A educação em cartaz
229 Aflições de um trompetista
231 O embaixador e o copo
233 Quebec tem acento?
235 Hanim do amor perdido
238 O orador inflamado
239 Canelada na língua
241 As fontes da paixão
243 Fascículos fazem coisas?
246 AIDS, Aids, SIDA ou Sida?
249 Todos os seus joelhos
251 Nas duas orelhas
252 Chutar por sobre?

254 O anu com a garça
256 Luzia na horta
258 Será o currículo?
260 O aval suspeito
263 De anjos e demônios
265 O atraidor faz tudo
267 A mulher de Ló
269 O cantinho do carro
271 Somas e tabus
274 Políticos e embalagens
276 Um sábio em Nova York
278 Pelo pescoço
279 Troca de recheios
281 Gil x Paulinho da Viola
283 A chegada de Saramago
285 A morte e a previdência
287 O Alex tem moral?
289 A vitória do locutor
291 De caminhão, desde Miami
294 Bom para ver e ouvir
295 O tiro errado
297 O locutor locutou
298 Olimpíada? Melhor não
301 O suporte do gerenciamento
303 A boa mãe do político
306 A morte de "haver"
309 A vara etrusca
311 Exposição fatal
314 Pelé e a placa
316 Banana para todos
317 O poeta e os Mamonas
320 Haverá o encontro comunicado?
322 Problema mortal
323 As vezes ou às vezes?
325 O bissexto e as desgraças
327 A dor do óbvio
329 Pobres mães...
331 O que é "tripolia"?
333 Da coelhada à confusão
335 Habitat ou hábitat?
337 Ser feminino ofende?

340 Pisando no tomate
342 O dia em que o "se" espúrio brilhou
347 O ataque do plural-fantasma
351 O trenzinho verbal
354 Clara Schumann no lar
356 O pôr de sol e o plural
358 Entrando para dentro
360 O que fazer com o acento
362 Não, nada, nonada, nunca
365 A música e os governos
367 Madonna e Asmodeu
369 Índice

O PORQUÊ DESTE LIVRO

AQUI EXAMINAMOS os problemas mais comuns de linguagem observados em jornais, revistas, rádio, TV e publicidade. Um exame despretensioso, com o mínimo de nomenclatura técnica. Nos textos selecionados, apontam-se o engano cometido, as possíveis causas e soluções, a menos que sejam óbvias.

Embora a noção de certo e errado tenda a diluir-se cada vez mais com o avanço dos estudos de linguística, pouca gente duvida de que devemos continuar nos orientando pela variedade culta da língua, expressão levemente pedante. É a norma definida pela Nomenclatura Gramatical Brasileira (NGB) e pelo Formulário Ortográfico, em que se baseia o *Vocabulário ortográfico da língua portuguesa* da Academia Brasileira de Letras. Mesmo os que a criticam se servem dela para se fazer entender.

Não interessam aqui, portanto, questões doutrinárias nem dissensões acadêmicas de entendidos, em qualquer sentido, ansiosos para modificar a tal norma culta. Para a linguagem de livros didáticos ou de divulgação, revistas não especializadas e jornais, pouco importa a aflição acadêmica. Até que consigam convencer as autoridades a tornar mais elásticas as normas da língua oficial, deve-se continuar escrevendo de acordo com ela. A norma culta é a variedade linguística utilizada como código aceito pela comunidade letrada ou com vontade de ser letrada. Essa é a orientação também da maioria dos doutos especialistas, embora nem todos concordem com tudo o que determinam a NGB e o Formulário Ortográfico. Mas é a lei. Se a norma mudar, quando mudar, muda-se com ela. Se for para o espaço, voamos todos.

Este é um livro para todos os que se preocupam com a comunicação, principalmente escrita. Nele usamos a linguagem oficial, a variedade culta, mas descontraída por certa dose de coloquialismo.

Modelos de linguagem?

Entre muitos, há vários à escolha. Os melhores estão sempre distantes de extremos. Nem a densa erudição de Euclides da Cunha nem a desabrida linguagem dos campos de futebol e dos botequins da periferia; nem a linguagem encipoada de Coelho Neto nem o liberado dialeto das alcovas mais alegres, santa obviedade.

Que tal o estilo e o domínio da língua de gente como Graciliano Ramos, Rubem Braga, Millôr Fernandes, Luis Fernando Verissimo e João Ubaldo Ribeiro? Magnífica diversidade! São apenas alguns, claro. Pouca semelhança há entre eles e o texto de cada um, a não ser, talvez, a precisão elegante da linguagem. Não é o que basta?

O bom texto é o que este livro cultiva.

Couro feminino

Entre os presentes sugeridos pela revista semanal para as compras de seus leitores, houve um de até 200 reais bem curioso: "Mocassim de couro feminino." Ao lado, a foto dos leves sapatinhos. Sim, sim, de couro feminino. Nem mais nem menos.

Dificilmente o redator terá tentado fazer graçola, porque o texto não sugeria pândega. Também não parece provável que tenha tentado dizer que o couro era proveniente de uma vaca de olhar sereno, como o de todas as vacas quadrúpedes. Nesse caso, teria sido claro e escrito: couro de vaca. Como "feminino" é adjetivo delicado, referente quase sempre à mulher e a suas prendas, parece improvável tenha querido dizer que algum torturador tropical de péssima índole arrancara a pele de uma ou mais senhoras para fabricar os tais mocassins. Nem é preciso lembrar que a pele feminina é invólucro precioso que merece sempre bom tratamento.

Tudo isso induz à conclusão simples de que o computador se distraiu na colocação das palavras. Às vezes acontece. Por certo não se trata de "mocassim de couro feminino" e, sim, de mocassim feminino de couro.

Tais escorregões na colocação das palavras na frase revelam alguma distração e às vezes certa dificuldade de raciocínio. O resultado costuma ser involuntariamente engraçado. De um comercial visto na TV:

Sandálias para homens de borracha.

Na embalagem de uma tesoura para uso infantil:

Tesoura de unhas para criança curva e arredondada.

O que fazer?

Seios de quê?

Em comentários sobre moda e decoração, artes plásticas e joalheria, muita gente diz e escreve que as estátuas foram feitas em mármore, em bronze; que os vestidos são feitos em seda, em algodão; que os relógios são feitos em ouro.

Engano dessas pessoas. Quando se quer apontar a matéria de que uma coisa é feita, melhor utilizar a preposição "de" e não a preposição "em", um galicismo tão inútil quanto os programas políticos obrigatórios. Claro que, se os usuários continuarem preferindo o "em" nesses casos, ele acabará prevalecendo. Por enquanto será melhor escrever estátua de mármore e não em mármore; armário de madeira e não em madeira; vestido de seda, bota de couro, copo de vidro, relógio de ouro.

Portanto, as áreas arredondadas de simpáticas modelos e atrizes que recebem auxílio cirúrgico estético, Vera Fischer e Xuxa entre elas, são de silicone e não em silicone. É o que dizem.

Um copo de água

A PROPÓSITO, como se deve dizer? Copo de água ou copo com água?

Alguns especialistas consideram que copo de água é o copo cheio e copo com água é o copo não cheio.

Tanto faz usar copo de ou com água.

Há pessoas, no entanto, que acham que o "de" só deve ser usado nesses casos para indicar a matéria de que o objeto é feito.

O "de" indica de fato a matéria de que as coisas são feitas, como já vimos: copo de vidro, relógio de ouro, seios e bumbuns de silicone.

Mas a preposição *de* não serve apenas para indicar a matéria de que se faz uma coisa. É copo de água e copo de vinho, sim. Ninguém de bom-senso vai pensar que, quando se diz copo de água, se quer dizer que o copo é feito de água. Ou de leite ou de cachaça.

Ou um político *daqueles* que tão bem conhecemos.

Onde e aonde

Muita gente que fala de improviso usa as palavras "onde" e "aonde" como ponte entre uma ideia e outra. Às vezes, entre uma falta de ideia e uma ausência de ideia. Um político disse:

> *A oposição tem um discurso onde afirma que o governo não se preocupa com o desenvolvimento da indústria. É mentira.*

E disse um comentarista esportivo:

> *O Luxemburgo tem uma tática aonde o time ataca pelas pontas.*

Trata-se de um engano dos dois falantes.

Primeiro: "onde" é uma palavra que só se deve referir a *lugar físico*.

Segundo: "onde" deve ser utilizado com verbos que indicam quietação, não movimento.

Portanto, deve-se dizer onde fica, onde mora, onde está, onde dorme, onde descansa, cama onde dormiu, amou, morreu.

Terceiro: "aonde" utiliza-se com verbos que expressam movimento. "Aonde" é palavra composta por "onde" mais a preposição "a", indicadora de movimento.

O lugar *aonde* vou. *Aonde* ele quer chegar?

Em outros casos, em que não há referência a lugar físico, "onde" e "aonde" devem ser substituídos por "em que", "no qual", "na qual", "nos quais", "nas quais".

> *A oposição tem um discurso em que (com que) afirma que o governo não se preocupa com o desenvolvimento da indústria.*

Ou melhor, mais clara e diretamente:

> *A oposição acusa o governo de não se preocupar com o desenvolvimento da indústria.*
>
> *O Luxemburgo tem uma tática em que, com que, pela qual, o time ataca pelas pontas.*

Ou melhor e com mais concisão e menos deselegância:

> *A tática do Luxemburgo estimula o ataque pelas pontas.*

(Se é que estimula.)

Que tal?

Normal x comum

"Normal" nem sempre é bom sinônimo de "comum". Em algumas situações, há uma sutil diferença de sentido entre ambos. Até porque não há sinonímia perfeita, sabemos todos.

Normal é aquilo que está de acordo com a norma.

Comum é o que pertence a todos ou a muitos igualmente.

Nota-se que a qualificação de "anormal" costuma ser mais forte do que a de "incomum". A percepção dessa diferença não é a mesma entre os adjetivos "comum" e "normal". No entanto, cada um deles remete inevitavelmente ao antônimo: comum, incomum; normal, anormal.

O fato é que os significados da palavra "anormal" carregam em geral certa dose de morbidez ausente dos significados de "incomum".

Exemplos tirados de publicações genéricas indicam alguma confusão entre os significados de uma e outra, o que gera uma vaga sensação de impropriedade. Às vezes não tão vaga assim.

É um carro de alta potência, mas serve também para um motorista normal.

Em que será diferente um motorista normal de um anormal? E um comum de um incomum? Por isso, em casos como esse, o mais conveniente é utilizar "comum", motorista comum, porque "anormal" pode ser um motorista de três ou quatro braços ou um olho na testa ou que não bate bem da bola.

Trata-se de um vinho normal.

Como será um vinho anormal? Terá 40 graus de teor alcoólico, ao contrário dos 11 a 14,5 graus dos comuns? Será feito de feijão fermentado? Ou custará 6 mil reais a garrafa, como um daqueles que o Maluf admitiu ter em adega particular? Nesse caso, como no anterior, melhor será falar em "comum", que o será tanto na qualidade como no preço, se não for possível explicar no que consiste a tal normalidade. (É claro que sempre será possível definir a natureza dele.)

Ele é um aluno normal.

Aluno normal? O que será "normal"? Normal no tamanho, nas dimensões, na capacidade intelectual? E se for anormal? Será um gênio, com 245 de QI, ou um prejudicado, com 34,5 de QI? Também nesse caso será melhor usar "comum", que não se distingue da maioria, apesar da imprecisão do adjetivo.

Ela está grávida, mas ainda usa roupas normais.

Roupas de mulheres grávidas são anormais? Mulheres grávidas são anormais? Um pouquinho, talvez? Considere-se que a gravidez é um fenômeno proporcionado por significativos e agradáveis atos naturais, em geral impensados. Depois de algum tempo, em que ainda cabe em suas roupas comuns, a mulher grávida precisa de roupinhas especiais para acomodar o fruto de tais atos. Mas por certo não serão roupas anormais; serão roupas apropriadas para seu estado provisório, que antigamente chamavam de "interessante". Por que interessante? Interessante na acepção de "curioso", "estranho" — o óbvio estado passageiro da mulher grávida.

O CHAMEGO DO MACACO

O JORNAL PUBLICOU curiosa notícia com o seguinte título:

> *Chimpanzé fêmea troca carne por sexo.*

O que significa trocar? Dar uma coisa por outra, permutar, dizem os dicionários, e não temos razão para duvidar disso.

Convém relevar a deselegante cacofonia "caca" do "troca-carne" e ficar apenas no significado do título animalesco. Ele afirma que a pobre fêmea oferece carne por um pouco de carinho e amor.

Vai-se, porém, ao texto:

> *Cientistas descobriram que trocar carne por sexo faz parte da vida social de um grupo de chimpanzés selvagens na floresta Taï, na Costa do Marfim. A venezuelana Cristina Gomes, do Instituto Max Planck de Antropologia Evolutiva, em Leipzig, Alemanha, explica que as fêmeas de chimpanzé, com dificuldades para conseguir carne sem ajuda, recor-*

rem a essa forma primitiva de prostituição para aumentar a sua ingestão de calorias sem o risco associado à caça. No estudo, publicado na revista PLoS One, *os cientistas explicam que, apesar de a promiscuidade ser uma característica tanto dos machos quanto das fêmeas de chimpanzé, eles conseguem copular mais se aceitarem compartilhar a carne com o sexo oposto.*

Pronto. O texto desmente o título. O redator se descuidou e não atentou para o sentido do verbo "trocar". Não são as fêmeas que oferecem carne por sexo. Elas oferecem sexo por carne. Talvez pareça sutil para alguns, mas não é a mesma coisa. Menos mal será que o título anuncie, com cacófato e tudo: "Chimpanzé macho troca carne por sexo", se houver a certeza de que ele é que toma a iniciativa, o que parece mais provável, considerada a pérfida natureza macha. De todo modo, o que se quis foi realçar os vestígios de prostituição primitiva, em cujo centro se encontra a fêmea.

Melhor seria, portanto, com rigor e sem cacófato:

Chimpanzé fêmea troca sexo por carne.

Esse título expressaria indiscutivelmente a verdade. Ainda mais se houvesse a certeza de que as gentis macacas é que se oferecem aos machos cabeludos para ganhar um bom naco de carne. O que é duvidoso, considerando a essência exploradora e vilanesca dos machos. Provavelmente os safados, conhecedores da fragilidade delas, é que têm a aleivosa iniciativa. Sabem que elas são mais sujeitas aos percalços e aos perigos da caça e por isso tiram proveito. Coisa terrível. O título e as macaquices machas.

Curiosidades da acentuação

Entre as palavras curiosamente acentuadas no singular e não no plural, figuram estas paroxítonas terminadas em "n", antes e depois do último acordo ortográfico: alúmen, Cármen, éden, hífen, hímen, líquen, lúmen, pólen. Paroxítono, todos nos lembramos, é o vocábulo cuja sílaba tônica é a penúltima: aLÚmen, CUja, lemBRAmos.

Tais vocábulos são acentuados porque a regra remanescente de 1943, confirmada em 1971 e ainda em vigor, estabelece que as palavras paroxítonas — entre outras — terminadas em "l", "n", "r" e "x" levam acento agudo: amável, dócil; hífen, hímen; açúcar, éter; córtex, tórax.

Em consequência, os paroxítonos terminados em -ENS não devem ser acentuados. São os plurais de palavras como homem, jovem, nuvem, que não levam acento nem no singular nem no plural. Daí, portanto, alumens, Carmens, edens, hifens, himens, liquens, lumens e polens — todas sem acento.

Algumas dessas palavras, no entanto, têm formas paralelas no singular ou no plural:

- Alúmen ou alume, alumens ou alúmenes
- Cármen, Carmens
- Éden, edens
- Hífen, hifens ou hífenes
- Hímen, himens ou hímenes
- Líquen, liquens ou líquenes
- Lúmen, lumens ou lúmenes
- Pólen ou polem, polens

Peculiaridades da acentuação gráfica. Essa é a grafia antes e depois do último e chorado acordo ortográfico.

Se alguém se esqueceu do sentido de algumas delas, vamos aos dicionários:

> *Alúmen* ou alume, substantivo masculino: termo químico — qualquer sulfato duplo de um metal trivalente (alumínio, cromo, ferro) e de um metal alcalino ou de amônio.
>
> *Cármen,* substantivo feminino: nome próprio.
>
> *Éden*, substantivo masculino: lugar de delícias, paraíso; em hebraico, deleite, voluptuosidade; de acordo com a Bíblia, lugar em que viveram Adão e Eva em lua de mel até que...
>
> *Hífen,* substantivo masculino: sinal em forma de um pequeno traço horizontal (-), usado para unir os elementos de palavras compostas, separar sílabas em final de linha e marcar ligações enclíticas e mesoclíticas; risca de união, traço de união, tirete.
>
> *Hímen,* substantivo masculino: prega formada por membrana mucosa e que fecha parcialmente o orifício externo da vagina virginal, fenômeno raríssimo atualmente depois da puberdade.

Líquen, substantivo masculino: organismo vegetal composto; designação comum a diversas espécies de dermatoses papulares.

Lúmen, substantivo masculino: luz; unidade de fluxo luminoso; designação genérica de interior de órgão ou de canal de órgão.

Pólen, substantivo masculino: espécie de fina poeira que esvoaça das anteras das plantas floríferas; sua função é fecundar os óvulos; representa o elemento masculino da sexualidade vegetal.

Os acentos perdidos

A DIREÇÃO DE CERTO jornal, como de todas ou quase todas as grandes publicações, aderiu ao Acordo Ortográfico e lançou-se a ele. Já se sabe que as mudanças são pequenas e poucas, por volta de 0,5 por cento do vocabulário brasileiro.

De repente, no entanto, era fim de semana, a analista política escreveu nota acerca da crise que paira sobre nós e batizou seu textículo com o seguinte título, literalmente:

> *A crise destroi, a crise constroi.*

Assim, sem acentos gráficos. Ou sem os diacríticos, como dizem os sábios. No último parágrafo, com "destroi" de novo sem acento.

> *A crise destroi a banca, o mercado, as indústrias e os empregos. Que, pelo menos, ajude a construir um novo equilíbrio internacional.*

Falar é fácil. Falar sobre generalidades é ainda mais fácil. Que o digam nossos simpáticos governantes boquirrotos e magnificamente inconsequentes. Não faz mal.

O que ocorreu com a articulista foi que ela confundiu os termos do Acordo, que elimina o acento dos ditongos "ei" e "oi" da sílaba tônica das paroxítonas, palavras cuja sílaba forte é a penúltima: nada mais de acento em ideia, assembleia, estreia, espermatozoide, boia, estroina, heroico, introito, jiboia, joia, ovoide etc. Só que o "ei" e o "oi" tônico das oxítonas, palavras cuja sílaba forte é a última, eram e continuam sendo acentuados, seguidos ou não de "s": constrói, destrói, dodói, herói, remói, anéis, decibéis, fiéis, papéis etc.

De passagem, por semelhança e proximidade, lembremos que o ditongo aberto "eu" das oxítonas também continua acentuado, seguido ou não de "s": céu, chapéu, ilhéu, troféu, véu.

Curioso é que seriam mais naturais os enganos de manutenção das regras anteriores ao Acordo. Nesse caso, o que ocorreu foi um cruzamento de regras por causa da confusão entre oxítonas e paroxítonas. Nada que leve alguém a perder o sono, porque ainda haverá muitas dessas distrações nos próximos dias, meses e anos.

Nada disso tem importância, porque em dez anos estará tudo assentado. Aqui ou no Paraíso.

O Ídolo de Pau Grande

Em série comemorativa da conquista da Copa do Mundo de futebol pela seleção brasileira de 1958, o jornal reproduziu há algum tempo uma declaração que atribuiu na época a Garrincha, grande ponteiro-direito driblador e magnificamente irresponsável:

> *Os russos são muito fortes, duros e agressivos nas jogadas. Procurei desmoralizá-los com meus dribles e evitar que eles redobrassem seu entusiasmo.*

A seleção brasileira venceu por dois a zero. Como o texto foi publicado entre aspas, o redator quis fazer os leitores crerem que Garrincha disse tais coisas literalmente.

Se fosse verdade que Garrincha fez um discurso como esse, poderíamos ter certeza de que todos os nossos políticos são honestos, dignos de confiança e lutaram por um cargo público para defender os interesses dos eleitores. A maioria deles, aliás, gasta mais bufunfa para ser eleito do que recebe de salários durante todo o mandato. O que significa isso? Que atuam apenas por amor à pátria e ao povo, desinteressados de bens materiais. Maravilha!

De volta a Garrincha, quem já ouviu jogadores de futebol dando explicações sobre qualquer coisa sabe que em geral eles se expressam com simplicidade. Alguns com simplicidade e dificuldade. Outros, a maioria, com simplicidade, dificuldade e primariedade.

Garrincha estava entre os últimos. Tanto que foi fonte e personagem de histórias engraçadas que realçavam sua ingenuidade quase primitiva, características lembradas por seu biógrafo Ruy Castro no livro *Estrela solitária: um brasileiro chamado Garrincha*.

De forma que o ídolo de Pau Grande — nome do lugar onde nasceu, no estado do Rio — jamais faria uma declaração formal como a registrada pelo repórter. A década de 1950 era uma época em que os jornalistas, mais do que agora, pareciam não se importar muito com a verossimilhança, a coerência entre a natureza das criaturas e o modo como são capazes de se expressar. Mas, pelo jeito, escreviam um pouco melhor.

Saudosismo? Só se for dos tempos em que jogavam no Brasil criaturas como Pelé, Garrincha, Didi, Gérson e outros, mais interessados em jogar do que em fazer fricotes e equilibrar a redonda no pescoço.

Os dólares e os euros mudaram tudo.

Os cuidados com ver e vir

Os verbos "ver" e "vir" confundem-se no futuro do subjuntivo. Um assume a forma do outro. O mesmo ocorre com os derivados de "ver": antever, entrever, prever e rever. E com os derivados de "vir": advir, avir-se, convir, desavir-se, intervir, provir, sobrevir.

Nunca se deve escrever ou dizer: "se ela me ver" ou "quando ela me ver"; é "vir", futuro do subjuntivo de "ver": "se ela me vir" ou "quando ela me vir".

Pode-se extrair o futuro do subjuntivo da terceira pessoa plural do pretérito perfeito do indicativo (impossível aqui evitar a nomenclatura).

Do verbo "ver" — eles "viram"; tira-se o sufixo (am) e obtém-se a primeira pessoa do futuro do subjuntivo: "vir".

Do verbo "vir" — eles "vieram"; menos a terminação "am": "vier".

Futuro do subjuntivo

VER	VIR
vir	vier

vires	vieres
vir	vier
virmos	viermos
virdes	vierdes
virem	vierem

"Prover" difere do modelo de ver. Conjuga-se como "ver", mas é regular no perfeito (provi, proveste, proveu, provemos, provestes, proveram, no mais-que-perfeito (provera), no imperfeito do subjuntivo (provesse), no futuro do subjuntivo (prover, proveres, prover, provermos, proverdes, proverem), tema desta conversa, e no particípio (provido).

A atenção a esse modelo simples evitará frases como estas, redigidas por pessoas sábias, mas distraídas, e publicadas em jornais:

> *Se na Espanha alguém ver uma coisa dessas, pode chamar a atenção do infrator.*

> *Para ajudar as empresas em dificuldades, os governos interviram no mercado.*

Claro que a boa forma é se alguém "vir" qualquer coisa e os governos "intervieram" no mercado.

Nada que um pouco de atenção não resolva.

Ronaldinho é um ludópeda!

Todos sabemos que futebol é palavra de origem inglesa e esporte de que o Brasil é campeão mundial cinco vezes, apesar de técnicos como Dunga e Parreira, adeptos do que-empate-o-melhor.

Pois para substituir o termo inglês *football*, incorporado ao português do começo do século passado, alguns puristas criativos inventaram neologismos como ludopédio e pedibola — palavras que nem chegaram aos tempos em que os narradores e comentaristas esportivos chamavam futebol de "popular esporte bretão". E os narradores o chamavam assim sem ironia, antes com alegria, felizes por terem achado um substituto supostamente criativo para futebol. Eles se referiam, é claro, à Grã-Bretanha, onde o futebol havia nascido.

Todos sabemos também que ludopédio e pedibola deram tão certo quanto alguns governantes e representantes do povo, embora sem a mesma carga de pilantragem. São palavras que se baseiam ao pé da letra em *football* (pé e bola). Pedibola, do latim *pes, pedis* (pé) + *bulla* (bola). Daí pedibolar. Ludopédio, do latim *ludus* (jogo) + *pedis* (pé). Houve mais tentativas de dar nome nacional ao futebol: pedisfera, balopodo, balípodo, podobalismo, desafio de bola, pebol, bolapé e furta-bola. Furtabola deve ser criação de algum retranqueiro como o Zagalo e o Parreira, que ganharam o Mundial com um produtivo empate.

Esses neologismos são criações tão úteis como os programas políticos obrigatórios, que sempre esperamos com alegria. O médico e latinista Antônio de Castro Lopes (1827-1901), talvez mais latinista do que médico, achava que uma palavra sintética como "ludópeda", sua criação, substituiria com classe a expressão "jogador de futebol":

> *Os ludópedas libertaram-se da Lei do Passe, que os escravizava.*
>
> *Ronaldinho, nosso mais famoso ludópeda em ação, prefere curtir a vida.*

Impressionaria os pais da pátria no Congresso.

É óbvio que o *football* foi absorvido, transformado e integrado como o nosso futebol de todas as semanas, embora dominado por gente fina como os teixeiras da vida. Vida longa a eles!

Do *basketball* e do *volleyball* nem é preciso falar. Estão perdendo o "bol" e já são tratados com intimidade por basquete e vôlei, embora tenham tentado dar-lhes nomes como bola ao cesto, cestobol e manubol, que serviria também para o *handball*. Sem esquecer aguabol para o polo aquático.

Houve outros neologismos que se perderam na poeira do tempo, para ser bem original. Alguém já viu um lucivelo? Um lucivelo aceso? E uma pantalha? Lucivelo e quase todos esses neologismos foram criados por Castro Lopes. Lucivelo substituiria o galicismo abajur, de *abat-jour*. Ele compôs a palavra com *lux, lucis* (luz em latim) e "velo", de velar. Lucivelo não é mais neologismo, porque envelheceu e morreu no berço, e abajur incorporou-se à língua, abafando também pantalha, bela palavra. Ambas foram para o espaço, tão esquecidas como velador e quebra-luz, sinônimos desditosos de abajur.

Pantalha talvez tenha vindo do espanhol *pantalla*, parente de *ventalla*, ventarola, o mesmo que abanico, leque, sob influência catalã de *pampol*, abajur das lâmpadas, mas originalmente folha de parra, de *pámpano*, de acordo com o pouco prestigiado *Grande dicionário etimológico e prosódico da língua portuguesa*, de Silveira Bueno (Saraiva). O *Dicionário etimológico da língua portuguesa*, de José Pedro Machado (Livros Horizonte), cita apenas a provável origem catalã de pantalha.

Alguns neologismos, no entanto, entraram para a língua. Castro Lopes criou, por exemplo, cardápio para substituir o galicismo *menu*, e convescote para o lugar do anglicano *pic-nic*, já incorporado ao português como piquenique. Cardápio até que sobrevive. Formou-se com os elementos latinos *charta*, papel; *daps, dapis*, manjar; e o sufixo *io*. Com mais dificuldade sobrevive convescote, de convívio, festim, festa familiar, do latim *convivius*, e escote, quinhão dado por todos e cada um para uma despesa.

Escote, aliás, é a parcela de imposto que cada um de nós paga, e convescote é o que governantes e representantes do povo fazem com o dinheiro público por aqui. Ou não?

Entre mim e ele ou entre eu e ele?

Algumas pessoas têm dúvida sobre se a forma mais adequada é “entre mim e um amigo” ou “entre eu e um amigo”. De acordo com a língua padrão, a melhor forma é: “entre mim e um amigo”, entre mim e ti, entre ti e mim, entre mim e ele, entre ele e mim.

Nas combinações da preposição “entre” com pronomes da primeira e da segunda pessoa do singular, a gramática tradicional prescreve que não se devem usar os pronomes “eu” e “tu”, que são do caso reto e funcionam como sujeito, e, sim, as oblíquas “mim” e “ti”. Quando esses pronomes vêm em primeiro lugar na construção, é mais clara ainda a necessidade de usar as formas oblíquas: “entre mim e ti”, “entre ti e mim”, “entre mim e ela”, “entre ti e o Lula”. É a estrutura que convém usar na escrita e na fala formal. Principalmente em textos e provas oficiais.

Mas, sobretudo na fala comum, não se presta muita atenção a essa recomendação da norma culta e ouve-se: “Entre eu e ela (ou: entre ela e eu) tudo acabou.” E não só na fala. Até em jornais se leem construções desaconselháveis do ponto de vista formal, como “As dúvidas se resolverão entre o deputado e eu”.

Mau exemplo. A forma incriticável é "As dúvidas se resolverão entre o deputado e mim", o que soa meio estranho, mas está correto, ou, mais naturalmente, antecipando o pronome e juntando-o à preposição com que se relaciona (que o rege): "As dúvidas se resolverão entre mim e o pai da pátria."

É o que recomenda a maioria dos sábios, porque os pronomes pessoais do caso reto "eu" e "tu" não devem ser regidos por preposições, como "entre". Usam-se então os pronomes do caso oblíquo "mim" e "ti" nesses casos.

Essa dúvida é comum a muita gente. É natural que seja assim por causa da mistura de pronomes, preposições e ouvidos. Há algumas causas e explicações para a natureza dessa dúvida.

- "Eu" é pronome pessoal do caso reto, usado apenas como sujeito, como vimos, não como complemento. No exemplo abaixo, "eu" é sujeito da forma infinitiva do verbo "ler":
- *"Ela emprestou um livro para eu ler nas férias"* e não "para mim ler".
- "Mim" é pronome pessoal do caso oblíquo. É, portanto, a forma oblíqua de "eu" e vem sempre antecedido (regido) de preposição. Funciona apenas como complemento.
- Em casos como o do exemplo anterior, utiliza-se "eu" por ser o sujeito do verbo no infinitivo. A preposição "para" rege o infinitivo, está relacionada ao infinitivo e não ao pronome "eu": para eu usar, para eu comprar, para eu fazer, para eu sair. Porque "eu", convém repetir, é sujeito do infinitivo. Por isso, nesse caso não se usa "mim", que não funciona como sujeito, mas sempre como complemento.

Diga o que reservou para eu fazer.
Há algo para eu comprar?

Escolha a roupa para eu usar.
Ela saiu sem eu saber.

- Em "para mim", o pronome "mim" não é sujeito, mas complemento.

Diga o que reservou para mim.
Há algo aqui para mim?
Escolha a roupa para mim.
Ela saiu sem mim.

Mas "para mim" pode, sim, vir antes do verbo no infinitivo; nesse caso, "mim" não será sujeito, mas complemento.

Para mim (pausa) *engaiolar animais representa um crime.*
Ou:
Engaiolar animais representa crime para mim.

Para mim (pausa) *ver novelas é um suplício.*
Ou:
Ver novelas é um suplício para mim.

Para mim (pausa) *trabalhar é um prazer.*
Ou:
Trabalhar para mim é um prazer.

Para mim (pausa) *não interessa sair tão cedo.*
Ou:
Não interessa para mim sair tão cedo.

Dia a dia só há um

Um jornal publicou o seguinte título na capa do caderno de variedades:

Televisão: realities discutem o dia-a-dia sustentável.

Ocorre que esse jornal, como todos os grandes periódicos brasileiros, já aderiu ao Acordo Ortográfico, mas o redator se distraiu em relação ao substantivo masculino composto "dia a dia" e o manteve com os hifens, que já perdeu. O substantivo "dia a dia" significa a sucessão dos dias, a labuta diária, o viver cotidiano, a rotina. Como nestes exemplos:

As denúncias fazem parte do dia a dia do Congresso.
O dia a dia de Ronaldinho é muito agitado.
O Suplicy tem um dia a dia cheio de entrevistas.

Antes do Acordo, esse substantivo tinha hifens para não se confundir com a expressão adverbial "dia a dia", que significa diariamente, dia por dia, cada dia, todos os dias, como nestes exemplos:

Com a crise, a vida fica dia a dia mais difícil
O prestígio do Congresso está crescendo dia a dia.
Dia a dia, o Costa assume novos compromissos.

Note-se que o substantivo "dia a dia" é sempre determinado por um artigo ou outro especificador: *o* dia a dia, *um* dia a dia, *este* dia a dia, *aquele* dia a dia.

Fica claro que tais determinantes não se encaixam no emprego da locução adverbial "dia a dia", que se refere sempre a um verbo, a um adjetivo ou a outro advérbio. Convém lembrar que locução é um conjunto de palavras que equivale a um só vocábulo, como bem lembra o *Houaiss*.

Portanto, "dia a dia", em qualquer acepção, perdeu os hifens, assim como todas as locuções, não importa de que natureza, fora algumas exceções "já consagradas pelo uso". Considerando a imprecisão quase cômica da expressão "já consagradas pelo uso", o professor Bechara e a comissão de lexicografia da ABL resolveram limitar as exceções às lembradas pelos redatores do "lacunoso Acordo", como diz ele: água-de-colônia, arco-da-velha, cor-de-rosa, mais-que-perfeito, pé-de-meia, ao deus-dará, à queima-roupa. Por isso é que essas são as únicas registradas no *Volp*.

Se na locução houver algum elemento que já tenha hífen, ele será conservado, como exemplifica o Acordo: à trouxe-mouxe, cara de mamão-macho, bem-te-vi de igreja.

O fato é que, se houver dúvida, e em relação ao emprego do hífen sempre haverá alguma, convém verificar o *Vocabulário ortográfico da língua portuguesa* ou os melhores dicionários.

O franzir dos olhos

O JORNAL REPRODUZIU historinha ocorrida no pequeno município de Coité do Nória, no agreste alagoano, com a então senadora Heloísa Helena, de Alagoas. Cercada de moradores pobres, falavam de escândalos na prefeitura de São Paulo, nos tempos inesquecíveis dos doutores Salim Maluf e Celso Pitta.

O repórter político incorpora espírito ficcionista e conta o encontro:

> *Um velhinho, que ouvia tudo com um sorriso nos lábios, cutucou a senadora: "Quer saber de uma coisa, estou adorando tudo isso!"*

Continua o repórter contador:

> *Sem entender, a senadora olhou para o velhinho, franzindo os olhos. Rindo mais ainda, ele completou: "Tô gostando mesmo. Antigamente, só falavam mal de Alagoas. Era o Collor, o Renan, o PC. Não aguentava mais. Agora, sobra para São Paulo também."*

Duas observações sobre a historinha contada pelo repórter:

1. O velhinho olhava a senadora "com um sorriso nos lábios". Sim, um sorriso nos lábios. Onde mais poderia o bom velhinho ostentar seu sorriso antigo? Nas orelhas? Na testa? Nos cotovelos? Na nuca? No jumento ao lado?

Se fosse um cão, poderia manifestar o sorriso com um balançar de rabo, apêndice com o qual infelizmente não foi contemplado.

"Sorriso nos lábios" é um dos lugares-comuns mais pândegos que os contadores de história criaram. Chavão inocente que as pessoas repetem sem perceber que dizem tolice. Inocente, mas tolice.

2. Sem entender, a senadora, "franzindo os olhos", olhou o velhinho. O que é franzir? Franzir significa enrugar, formar pregas muito pequenas e próximas umas das outras; é arrepanhar-se, vincar-se, contrair-se.

Convém lembrar que os olhos são constituídos dos globos oculares e seus anexos. Cada olho é um órgão em forma de globo. São dois os humanos, situados um em cada órbita. E cada um é formado por três camadas — esclerótica, coroide e retina — e de meios de refração — humores aquoso, vítreo e cristalino. Se saudável, o olho é brilhante e liso. Sendo cada um brilhante e liso, independente da vontade humana, como terá Heloísa Helena conseguido franzi-los? Pensemos nela com os olhos enrugados, vincados... Muito difícil. A menos que tenha parte com o demo.

Pode-se supor, então, que o repórter escreveu distraidamente, lançando enxurradas de palavras, sem atentar bem para o sentido delas. Franzem-se as sobrancelhas ou a testa, no máximo, em sinal de preocupação, dúvida, perplexidade, descontentamento ou seja lá que emoção for. Talvez, como diria o Camilo, tenha franzido o cenho, sinônimo de rosto ou semblante.

Portanto, o velhinho mandou ver um sorriso, que já se sabe repousar sempre nos lábios, quando explícito; às vezes há sorrisos marotos, quase imperceptíveis, no rosto e nos olhos. Quando forem evidentes, estarão expressos nos lábios, ou beiços, como dizem criaturas do agreste com aquilo roxo.

Quanto a franzir, por todos os capetas, mais fácil será franzir a alma imaculada de um desses notáveis representantes do povo do que os infranzíveis olhos.

O LINCHAMENTO E A PECADORA

O QUE SIGNIFICA LINCHAR? De onde vem essa palavra?

A Globo News anunciou que dois soldados israelenses tinham sido "linchados até a morte". Notícia desagradável, marcada por certa inexatidão formal discutível. Linchar é justiçar ou executar sumariamente, sem julgamento legal, bem lembra o *Aurélio*.

Verdade que o *Dicionário Houaiss* considera que linchar pode ser também, por extensão de sentido, "praticar (a multidão) graves violências contra (alguém)". Por derivação, portanto, o verbo linchar é tomado como sinônimo algo forçado de agredir.

Com tal liberdade, e considerando uso até familiar, o *Dicionário da língua portuguesa contemporânea*, da Academia de Ciências de Lisboa (Editorial Verbo, 2001), dá a linchar, como segunda acepção, o sentido de "punir com grande severidade". E anota o exemplo: "Se os pais sabem que ele desistiu do curso, lincham-no." Eis aí um linchar suave, figurado, distante do sentido original.

De todo modo, a maioria dos dicionaristas considera exato e indiscutível o sentido de "executar sumariamente, sem julgamento regular e por decisão coletiva (criminoso ou suspeito de sê-lo)", como diz o *Houaiss*.

Não é das melhores, portanto, a afirmação "linchar até a morte", que mais de um jornal já usou em outras circunstâncias. O que o redator da Globo News quis dizer é que os soldados foram agredidos, espancados, malhados, surrados até a morte. Enfim, linchados, ponto-final.

Bem definido o melhor sentido da palavra, restam variações sobre ele e a origem algo curiosa de linchar. O *Aurélio* atribui a palavra ao antropônimo William Lynch (lei de Lynch). No século XVIII, o rude Lynch teria instituído no velho oeste norte-americano essa forma de castigo, executado sempre por multidão, contra criminosos ou supostos criminosos.

Silveira Bueno, em seu *Grande Dicionário etimológico-prosódico de língua portuguesa* (Editora Saraiva, São Paulo, 1968), de que os especialistas não gostam, por pouco científico, define linchar como "espingardear, fuzilar, de *to lynch*, do nome do colono da Carolina W. Lynch (século XVIII), que costumava fazer justiça por suas próprias mãos, matando negros". Se Carolina do Norte ou do Sul, Bueno não contou a ninguém.

Para o *Dicionário Caldas Aulete*, linchar é "justiçar, executar sumariamente um indigitado criminoso pela multidão, segundo a chamada lei de Lynch, que se diz instituída pelo juiz de paz Charles Lynch (1732-1796), de Virgínia (EUA)".

A *Enciclopédia Britânica* registra linchar e linchamento como termos de origem incerta, geralmente relacionados com Charles Lynch, "fazendeiro e patriota" da Virgínia, que liderou um grupo de justiceiros durante a Revolução Americana para punir ladrões e bandidos variados. Esquece de citar políticos entre os malfeitores; os editores não conheceram os nossos. (Não todos os políticos, claro, pois não convém generalizar; apenas a maioria.)

No *Dicionário etimológico da língua portuguesa* (Livros Horizonte, Portugal, 1990), José Pedro Machado reconhece a incerteza da origem do vocábulo linchar, fora a certeza de que provém de um cavalheiro norte-americano chamado Lynch: "[...] sabe-se porém que tal indivíduo deu o seu nome ao processo sumário segundo o qual o povo, sem qualquer outra formalidade e sem apelo, prendia quem considerava criminoso, condenava-o e executava-o imediatamente."

Como a *Britânica*, em que provavelmente se inspirou, Machado supõe ser provável que Lynch tenha sido um proprietário rural na Virgínia. Mas não deixa de registrar a possível existência de certo capitão William Lynch, que teria adotado tais métodos por volta de 1776. Refere-se ainda a um juiz de paz em 1780 com o mesmo deselegantíssimo hábito de açular a multidão para promover a "justiça" rápida. Aparentemente, todos esses Lynchs, lendários ou não, eram da Virgínia.

Claro que o ato de linchar antecede Lynch, quem quer tenha sido ou quaisquer tenham sido. Na antiguidade, o linchamento sob várias formas ocorria de vez em sempre. Criminosos ou suspeitos eram massacrados por turbas enfurecidas, em geral assanhadas por uns poucos. A Bíblia relata muitos casos de lapidação (apedrejamento), entre os judeus, de pessoas que transgrediam a lei mosaica (de Moisés, século XIII a.C.). Apedrejamento legal, portanto, por bárbaro que pareça, ao contrário do linchamento, por definição, alheio à lei. Ai, por exemplo, de criaturas que fossem apanhadas "pulando a cerca". Ou de rapazes que se "deitassem" com rapazes! Ou de criaturas que satisfizessem seus baixos instintos, como diziam os jornais antigos, com animais!

A propósito da Bíblia e da lapidação — ou tentativa — pela turba, a mais famosa história registrada a respeito é a da adúltera levada ao bom Jesus por escribas e fariseus. Escribas eram doutores da lei entre os judeus. E os fariseus compunham uma seita que se fixava na observância literal da lei: os Dez Mandamentos recebidos por Moisés do próprio Deus, diz a Bíblia. Depois, fariseu passou a ser sinônimo de hipócrita, descarado, safardana, sem-vergonha. Sobretudo hipócrita.

Ao levar a adúltera apanhada em flagrante a Jesus, escribas e fariseus queriam botá-lo (alguns escreveriam botá-Lo) em sinuca de bico. Achavam que Jesus vivia pregando a "flexibilização" da lei, palavrão que o Bresser Pereira usaria quase 2 mil anos depois como sinônimo eufêmico de aumento de preços. Não que ele e outros simpáticos ministros e ex-ministros sejam fariseus no rico sentido atual da palavra. Mil vezes, não.

Por que levaram a Jesus apenas a adúltera e não o adúltero? Jamais saberemos. A menos que o adúltero fosse um bode libidinoso e já o tivessem liquidado.

Pois mal, se Cristo rejeitasse a lei mosaica, que condenava a adúltera à lapidação, seria criticado por ignorar os preceitos impostos por Jeová no deserto; se a condenasse, estaria se contradizendo, porque pregava o amor e o perdão. Mais ou menos como faz o governo com banqueiros, empreiteiros e amigos diletos.

"Que quereis que façamos com ela?", perguntaram-lhe os garridos escribas e fariseus, já com pedras na mão e algumas no alforje. (Não se sabe onde encontravam tantas pedras.)

Tranquilo, Jesus abaixou-se, provavelmente ficando de cócoras, e começou a rabiscar a terra com o dedo, depois de ter olhado os pérfidos barbudos e a dama apanhada no pulo; após alguns minutos de silêncio, ergueu-se e respondeu, sereno, diz o apóstolo são João, capítulo 8, citado de memória e com alguma liberdade:

Aquele dentre vós que não tiver pecado seja o primeiro a atirar pedra contra ela.

(Mais ou menos isso; não havia gravador na época.)

E voltou a ficar de cócoras, posição que faz bem para a coluna porque alonga os músculos lombares.

De pedras na mão, Efraim, que batia na mulher e a cedia ao primo; Daniel, zooresta, era chegadão a uma cabrita; Esaú frequentava casas de massagem daquelas; Enoque se vestia de mulher e amava rapazes; Gabriel tinha hábitos sexuais indescritíveis num livro de respeito; Jacó participava de surubas; Isaac era necrófilo; Samuel espiava pela janela a mulher do próximo despindo-se e a desejava doudamente; Ezequiel era pedófilo e, talvez pior, ancestral do Maluf; Ismael era dado a fornicações extraconjugais com todos os sexos; Pedro Malanberg, não o discípulo pescador, mas o banqueiro pré-neoliberal, pregava, pela glória da amada Roma, que o mercado resolve tudo — do desenvolvimento à redenção social. Era também a posição de seu discípulo e seguidor Antonov Paloffinstein. Um horror! E isso é apenas uma mostra.

Lá estava Jesus, trigueirinho e de nariz adunco e não loureba trejeitoso de olhos azuis como fazem crer imagens idealizadas dele (alguns escreveriam dEle), difundidas desde a Idade Média. Estaria escrevendo tantos pecados na areia? Haveria espaço para tanto? Ou seriam só os nomes? Sabedeus.

Silêncio ensurdecedor. Murcharam todos, num espantoso ataque de consciência; largaram as pedras pelo caminho e foram pecar mais um pouco por aí. Por aqui deu até samba.

A senhora adúltera, amedrontada e surpresa, pensou envolta em sua manta pecaminosa — "Ufa! Desta vez escapei!" —, enquanto ouvia Jesus.

Onde estão os teus acusadores? Ninguém te condenou? Nem eu também te condeno. Vai e não peques mais.

Não se sabe se ela pecava por prazer ou por dinheiro. Nem se deixou de pecar. Mas, pelo menos, sabe-se que o bom Jesus sabia, e como sabia!, usar os verbos nos tempos, modos e pessoas adequados. Uma beleza! E sempre na segunda pessoa, como convém à nobreza da linguagem bíblica. Sobretudo conhecia muito bem o imperativo, ao contrário de alguns jornalistas, economistas e publicitários. Alguns, claro. Outros são como Jesus. Às vezes, um pouco como Deus. Sabem tudo. Que bom.

Onde ficam os quintos?

A TV Globo exibiu, faz tempo, a minissérie *Quinto dos infernos*, sobre a estada da família real portuguesa no Brasil do começo do século XIX.

"Quintos", no plural, é sinônimo de inferno. Em geral vem seguida da expressão intensificadora "dos infernos", como bem a chama o *Dicionário Houaiss*. É assim, no plural, que se tornou conhecida e comparece nos dicionários.

Nos tempos em que o Brasil era declarada e oficialmente colônia, os portugueses o chamavam de "Quintos dos infernos" porque "quintos" também significa região longínqua. Ir para os quintos, portanto, significava ser degredado da Europa para lugares como este, que por certo não melhorou desde então, considerando a classe que costuma dirigi-lo. Os degredados embarcavam na "nau dos quintos", que também, e principalmente, levava para Portugal e Espanha o "quinto", quer dizer, o imposto de 20 por cento sobre os metais e minerais preciosos extorquidos das colônias. Agora a extorsão é mais sutil. Mas ultrapassa o quinto e assim, acrescido, é aplicado também pelos governantes locais aos súditos infelizes.

A expressão singular "quinto dos infernos" parece ser regional. Daí o nome da série, que satirizou a família real, evidenciou a figura do Chalaça e tomou liberdades várias com a História, para desgosto dos historiadores. De todo modo, chamou a atenção para a História deste país tão bem governado.

Liberdades, de fato, são as que os responsáveis pela série tomaram com a pobre língua perdida e malpaga. Na série, o verbo e o pronome foram tratados a bordoadas. Como o povo pelo governo. Claro que a fala do povo daqueles tempos deveria ser tão descontraída como a de agora. Talvez mais. Na série, no entanto, registrou-se mistura verbal e pronominal sem sentido, indigesta para qualquer tempo. Alguns exemplos, com a forma adequada para a época em seguida.

O Chalaça ao marido de Domitila:

> *És o marido de Domitila? Deveis lembrar-se de mim.*

Se fossem conhecidos e iguais, e não eram:

> *És o marido de Domitila? Deves lembrar-te de mim.*

Se o tratamento fosse cerimonioso, e no caso deveria ser:

> *Sois o marido de Domitila? Deveis lembrar-vos de mim.*

A garota de seios intumescidos por abundantíssima carga de silicone, tanto que parecia ter um bumbum abaixo do pescoço:

> *Depois de te fartares de mim, pode jogares-me no mar.*
> *Depois de te fartares de mim, podes jogar-me no mar.*

Pedro:

> *Não se incomode. Com vossa permissão.*

Não vos incomodeis. Com vossa permissão.

Se não quisesse ser cerimonioso, e poderia, por ser príncipe:

Não te incomodes. Com tua permissão.

Domitila a Pedro, antes de se conhecerem biblicamente:

Por Cristo, não faça isso!

“Não faça” é a forma imperativa na terceira pessoa do singular, que não se usava nem a malufadas. Menos ainda para alguém da família real. Devia ser “não façais”, se na segunda do plural, como convém dizer a um príncipe, ou “não faças”, segunda do singular, para um igual.

Portanto:

Por Cristo, não façais isso!

Se já fossem íntimos ou iguais:

Por Cristo, não faças isso!

Pedro a Domitila, esfaqueada pelo marido ciumento nas tuberosidades calipígias, nome que um acadêmico do século XX pudico deu ao simpático bumbum:

Imagino a dor que (você) sentiu.

Como estavam na cama, depois de uma boa sessão de amor:

Imagino a dor que sentiste.

Em outra circunstância, Domitila a Pedro:

(Você) Fez o que tinha que fazer.

Como já tinham pecado muito e bem:

Fizeste o que tinhas de fazer.

Domitila a Pedro, ameaçando fugir dele, em comovente desvario verbal:

Nunca mais me vedes!

Nunca mais me verás! ou *Nunca mais me vereis!*

A velha marquesa italiana corrupta, dama de companhia de Carlota, a D. João VI:

Tens que tomar banho!

"Tu" para o rei? Por mais que tirasse pedaços de frango do bolso, merecia respeito.

Tendes de tomar banho, Majestade.

Um súdito à rainha:

Não sei a quem se referes, Majestade.

"Se", da terceira pessoa para a rainha? E com o verbo na segunda pessoa? Era "tu" para os iguais e "vós" para a nobreza.

Não sei a quem vos referis, Majestade.

Lobato, o conselheiro, ao rei:

Não mexa com isso, Majestade!
Não mexais com isso, Majestade!

O marido de Domitila a D. Pedro:

Mais uma vez, perdão, Alteza, por ter-lhe acordado.
Mais uma vez, perdão, Alteza, por ter-vos acordado.

Carlota para a dama de companhia:

"Com certeza!"

Como se já se usasse naquela época essa expressão inteligente, com que muitos hoje respondem afirmativamente a uma pergunta, em vez de dizer "sim".

Quinto dos infernos, portanto, levou a História e a língua para os quintos.

O NÓ DO DETALHE

UM AMÁVEL DEPUTADO, daqueles que tanto lutam pelo bem do povo, usou a expressão "detalhe importante". A apresentadora do curso de vestibular pela TV também falou em "detalhe importante".

Muita gente fala em "detalhe importante" quando quer ressaltar alguma coisa. Só que a expressão "detalhe importante" é um contrassenso. Porque "detalhe" significa pormenor, minudência, particularidade, minúcia, insignificância, coisa sem importância.

Quer dizer, "detalhe importante" significa "insignificância importante", "coisa sem importância importante". Uma tolice formal, portanto, mas que de tão repetida nem dói mais para a maioria.

O que dizer em vez do "detalhe importante", tão usado por gente sábia e bem nutrida como o deputado com seu terno cinza brilhante? Pode-se substituir nesse contexto "detalhe" por fato, aspecto, coisa.

Então se dirá ou escreverá sem falar ou escrever bobagem: fato importante, coisa importante, aspecto importante.

Não é melhor?

A DESPESA DO ASTRO INGLÊS

O ATOR BRITÂNICO *Hugh Grant pagou quase 3 milhões de dólares em uma casa, no bairro londrino de Chelsea, que fica na esquina da rua onde mora sua ex-noiva, a modelo Liz Hurley.*

É o que publicou um jornal brasiliano, não importa qual. Sim, o ator pagou 3 milhões de dólares em uma casa.

Pagar algo "em" qualquer coisa é regência curiosa. Lê-se e ouve-se a todo momento que a vítima pode pagar qualquer coisa "no" cartão.

Leve já e pague no cartão em 72 vezes com módicos juros de 18 por cento ao mês.

O que talvez explique o tal de "pagar no cartão" é o possível cruzamento com as tradicionais expressões "pagar em cheque" e "pagar em dinheiro".

De todo modo, "pagar no cartão" é regência um tanto exótica. Ouvem-se pessoas despreocupadas com formalidades dizerem:

Paguei dois milhão na caranga.

A criatura tenta dizer que pagou 2 mil reais "por" uma reluzente Brasília amarela.

É claro que o ator britânico, apanhado em alegre brincadeira com uma profissional do amor em sua caranga legal nos Estados Unidos, pagou 3 milhões de dólares "por" uma casa. Assim como quem utiliza o cartão de crédito paga "com" o cartão.

Enfim, paga-se a conta ao mercado com o cartão, paga-se a consulta ao médico, pagam-se as mensalidades ao colégio, pagam-se alegremente ao governo impostos ocultos embutidos nos preços gerais. Com a mesma incontida alegria, paga-se o Imposto de Renda ao governo, que tão bom uso faz da nossa bufunfa.

Paguei-lhe a dívida sem tristeza. Paguei a dívida a ele. Pagar a alguém, pagar-lhe, é a regência preferível na linguagem escrita formal, a linguagem dos concursos, dos jornais e das revistas bem escritos. Isto é, pagar como transitivo indireto de pessoa, com preposição ou o pronome "lhe" no lugar do complemento preposicionado, e objeto direto de coisa.

> *O emissário daquele governo asiático pagou* milhões *de dólares* aos congressistas *para que aprovassem seu edificante projeto de reeleição.*
>
> Ele teve de *pagar* a propina ao fiscal. (No mesmo país asiático.)

Mas, na linguagem do dia a dia, e até em alguns textos descontraídos, é muito comum a sintaxe "pagar alguém, pagá-lo". Quer dizer, "pagar" usado como transitivo direto, sem preposição: paguei o médico, paguei o mercado, paguei-o ontem.

Convém reafirmar, no entanto: na linguagem formal, paga-se a dívida a alguém, pagar-lhe a dívida. Pagar a consulta ao médico, pagar a conta ao mercado, paguei-lhe (a prestação) ontem.

É claro que pagar pode ser usado sem restrições na linguagem formal como transitivo direto, isto é, sem preposição, quando o objeto indireto está implícito ou oculto.

O governo paga corretamente a dívida social.

(Paga aos desvalidos.)

Ela pagou o salário.

(Pagou ao empregado.)

Pode ser também intransitivo, isto é, sem complemento.

Viu o jogo sem pagar.
Agora o banqueiro esperto vai pagar pelo que fez.

Claro que vai.

DESCENDO PARA BAIXO

JÁ FAZ ALGUM TEMPO, um jornal publicou o seguinte:

> *Há quase quatro anos atrás, o presidente foi reeleito para terminar sua obra.*

Em outro dia, o senador disse ao colega, apontando-lhe o dedo:

> *Vossa Excelência é um ladrão e deveria ter sido preso há muitos anos atrás por desviar dinheiro público.*

O redator e o senador por certo se esqueceram de que o "há", do verbo haver, já designa tempo passado. Por isso acrescentaram o "atrás". Ficou: "Há quase quatro anos atrás..." e "... há muitos anos atrás".

Um engano, é claro. Ou se diz e se escreve: "Há quase quatro anos" ou "Quase quatro anos atrás" e "há muitos anos" ou "muitos anos atrás", porque as duas formas se equivalem e repetem a ideia de passado. Na fala, esse engano é mais comum.

Funciona como uma espécie de reforço da ideia. Mas na escrita convém evitá-lo. "Há", do verbo haver, e "atrás", na mesma frase, configuram o célebre pleonasmo. Pleonasmo é o emprego de palavras de sentido equivalente na mesma frase. É algo como sair para fora, entrar para dentro, descer para baixo, exultar de alegria.

Uma redundância. E como quase todas, desnecessária.

Os Maias na TV

A ótima minissérie *Os Maias*, exibida pela TV Globo há tempos, teria sido bem melhor se os atores não tivessem misturado à vontade pronomes e tempos verbais. Eça de Queirós escreveu seu melhor romance e os outros com as criaturas tratando-se na segunda pessoa pronominal e verbal: vais, escreveste, almoçaste, viste, conta, faze e por aí vai. Maria Adelaide Amaral fez a adaptação para a linguagem televisiva mantendo o tratamento. Mas as personagens globais desfilaram dezenas de escorregões. "Já almoçou, Vilaça?", perguntava o patriarca Maia ao fiel auxiliar, embora falasse a maior parte do tempo na segunda pessoa, como todas as outras personagens. Trocou, evidentemente, a segunda e lusitana pessoa "almoçaste" pela terceira e brasileira "almoçou".

Seria distração da Maria Adelaide, tendo ela trabalhado tanto no texto? Tanto que tomou a liberdade de integrar à trama personagens de outros livros do autor.

Ou a distração seria do diretor Luiz Fernando de Carvalho, o diretor? Seria ele responsável pela fidelidade dos autores ao texto? Ou esse seria trabalho de alguém mais? É coisa antiga, mas serve de base para a discussão do uso de pronomes e flexões verbais.

O facto é que algaim pisou no tomate, porque os enganos se repetiram com enorme insistência. Prato cheio para os lusos que tão naturalmente usam a segunda pessoa e assistiriam à série.

"Então casa e tens filhos", aconselhou Carlos à admiradora. Eis aí um imperativo desconjuntado. "Então casa e tem filhos", deveria ter dito o galã.

Diz Raposão ao dedo-duro Eusebiozinho:

Eu sei que sempre teves um fraco pela Encarnación.

"Teves"? Com essa criatividade, o pobre Eça por certo está a revirar-se no túmulo até agora e pelo jeito não vai parar tão cedo. Teodorico, o pândego Raposão vivido por Matheus Nachtergaele, acabava de inventar a forma verbal "teves". "Eu sei que sempre tiveste um fraco pela Encarnación", deveria ter dito o Raposão em legítimo português do cáustico Eça.

"Sabe pouco de mim", disse faceira a dadivosa condessa de Gouvarinho ao galã Carlos, perturbada pela paixão. "Sabe" é terceira pessoa (você sabe). Se menos ansiosa, teria dito de acordo com Eça: "Sabes pouco de mim."

Disse mais ela a ele:

"Por que não foi ao teatro?" "Foi" em vez de foste, a segunda pessoa singular do pretérito perfeito, belo nome.

Mais? "Julguei que ia abandonar-nos, Vilaça", diz o Maia maior. "Ia"? Só com um ataque de brasilidade. "Julguei que (tu) ias abandonar-nos, Vilaça", diria ele em bom lusitanês.

De Eva Vila (Maria da Cunha) a Carlos, em brasilianês:

"Compreendo que esteja ainda magoado." Estejas é a segunda pessoa singular do presente do subjuntivo usada por lusos atuais e de antanho.

"Não toque em mim!", exclamou o carola Eusebiozinho, afastando-se de pilantras que querem induzi-lo ao pecado. O imperativo negativo, segunda pessoa do singular, sabemos todos, provém do presente do subjuntivo. Noves fora a nomenclatura espinhosa, ele gritaria com todos os santos: "Não toques em mim!" ou, se a mais de um pilantrão: "Não toqueis em mim!"

Imperativo? Mais um. "Toque um noturno de Chopin", pedia ou ordenava a luso hebreia dona da casa ao pianista. Como não era brasileira, diria apropriadamente: "Toca um noturno de Chopin", fosse pedido ou ordem, que para isso serve o imperativo positivo no caso.

"Já que entende tanto de mulheres...", diz o culto Carlos a Dâmaso. Comeu o "s" do entendes, como se fosse brasiliano. "Estás muito diferente do que era antes", reclama o brasileiro Joaquim (Paulo Betti) à mulher Maria Eduarda. "Estás" e "era" em vez de "estás" e "eras"? Como brasileiro ele misturou os tempos verbais muito mais do que os outros. Será que propositadamente, por ser brasileiro?

Quanto aos outros, todos da burguesia, bem-educados, só se for para magoar o velho Eça que com tanta graça escrevia.

Fique à vontade

Algumas pessoas discordam do acento no "a" de locuções como "à vontade", em trechos como "estejam à vontade". Dizem não haver acento porque não há ambiguidade, como haveria em "fique a vontade na sala". Haverá ambiguidade nesse caso?

Quem é que confundiria sujeito com adjunto adverbial numa expressão como "fique a vontade na sala"? Nomenclatura fora, quem é que convidaria dona vontade para esparramar-se na sala? Só uma pessoa muito distraída poderia achar necessário acentuar o "a" de vontade para ninguém considerá-la sujeito.

Todos sabemos que não ocorre crase em locuções adverbiais como "à vontade", "à socapa", "à vista" e em outras formadas pela preposição "a" + substantivo feminino singular. Mas todos sabemos que se acentua, sim, a preposição "a" dessas locuções. É o chamado acento grave de clareza, incorporado alegremente à língua desde o século XVI, e sem o menor pudor. Como os defensores do povo de nossas casas legislativas incorporam valores e vantagens ao próprio salário.

Seria bom deixar claro que o acento grave é o símbolo da crase. Por isso se transformou em sinônimo de crase, como o chamam alguns autores, mas também atenderia, se pudesse, pelo nome de "sinal de crase".

Convém relembrar que nem sempre o acento grave no "a" indica a fusão de dois "as". No caso de algumas expressões formadas com palavras femininas, serve apenas como sinal de clareza ou para atender às tendências históricas da língua. É o que bem ensinou o filólogo Said Ali, já no céu, em seu *Meios de expressão e alterações semânticas*. Por exemplo: à força, à maneira de, à medida que, à proporção que, à toa etc.

Faz parte, portanto, da tradição de nossa escrita acentuar a preposição "a" ligada a substantivo feminino singular em certos contextos: "pintar à mão" (com a mão ou pintá-la), "matar à fome" (pela fome ou matá-la), "pagar à vista" etc., embora os equivalentes masculinos não contenham artigo: comprar a prazo, correr a porrete, matar a cacete.

O problema se reduz ao seguinte: em alguns casos há ambiguidade, por ser possível interpretar o "a" como preposição ou como artigo. Daí surgiu a necessidade do acento, que se estendeu por analogia a todas as locuções formadas por preposição "a" com substantivo feminino singular. Isso ocorre mesmo quando não há risco de confusão. Não há esse risco, por exemplo, em "pagamento à vista" como há às vezes em "pagar à vista". Em rigor, como diria o exemplar político Jader Barbalho, o "a" não deveria ser acentuado em nenhum desses casos, porque não há razão gramatical para fazê-lo. Menos ainda em "pagamento à vista", em que não há risco de ambiguidade. No entanto, nos dois casos e em todos os semelhantes a preposição passou a ser acentuada, como admite e ensina a maioria dos grandes filólogos, entre os quais Said Ali, Rocha Lima, Celso Pedro Luft, Evanildo Bechara. É também o que registram os bons dicionários. Vejamos alguns exemplos.

> *Pegue lá... aí tem a minha filha e o meu dinheiro! Gaste-o à vontade!* (Castilho).

> *Ponha-se em mangas de camisa à vontade; aqui não há políticas!* (Camilo).
>
> *Fui e vi à vontade, porque em redor do seu esquife [...]* (Camilo).
>
> *Os meus filhos saíram, mas entrem, busquem à vontade [...]* (Camilo).
>
> *[...] nem recorram [os escritores móveis], para barbarizar e solecizar à vontade, ao banal argumento [...]* (Mário Barreto).
>
> *Não estava tão à vontade como ainda há bem pouco tempo [...]* (César Porto).
>
> *[...] que era o modo de se aquecer à vontade.* (Aquilino Ribeiro).
>
> *Obrigado, bem sei, estou à vontade.* (Aluísio Azevedo).
>
> *Podia agora ele, o provedor, campear à vontade na Casa da Fundição.* (Paulo Setúbal).
>
> *E assim seria resolvida a situação política à vontade do governo [...]* (José Lins do Rego).

O *Aurélio* registra:

> *Esteja à vontade, a casa é sua.*
> *Sirva-se à vontade.*
> *Frutas e leite à vontade, cavalos e armas quando quiseres e leite à vontade* (Coelho Neto).

É impossível, portanto, ignorar o acento grave de clareza, usado desde o século XVI com frequência mesmo sem o risco de ambiguidade. No entanto, não havendo ambiguidade, e dependendo do contexto, pode-se dispensar o acento. Pode-se. Pode-se, embora raras pessoas o façam por convicção e sabedoria. É com base na evidência de ambiguidade, e somente assim, que alguns gramáticos toleram — apenas toleram — o uso do acento grave de clareza. Mas os contrários à extensão do acento grave de clareza são a minoria. E nesses casos de desacordo convém ficar com a maioria, desde que a integrem estudiosos de grande expressão, como neste cansativo capítulo crasífero. Usa-se o acento, e pronto.

Não há desacordo, no entanto, em relação às locuções formadas pela preposição "a" + substantivo feminino singular + "de" (à maneira de, à semelhança de etc.) e nas locuções conjuntivas (à medida que, à proporção que etc.); nelas, o acento é obrigatório e indiscutível, como dizem os sábios da área.

Enfim, pela terceira vez para que ninguém se perca, o acento se estendeu às locuções adverbiais formadas pela preposição "a" mais substantivo feminino singular, à maneira de garras de políticos a cargos públicos. Coisa irreversível como o amor com que trabalham pelo bem do povo.

Uma avenida do outro mundo

Num dos muitos escândalos de nossa época, um denunciante apontou obras superfaturadas da prefeitura de São Paulo nos tempos de Maluf e Pitta. Foi um longo período farto de escândalos. A coisa continua rendendo e dizem que se estende até a Suíça e a ilha de Jersey. O denunciante falou então em "preço caro" e "preço barato".

Só que preço não é caro nem barato. Preço é alto ou baixo. Geralmente alto. A obra, a mercadoria, o remédio — cada uma dessas coisas é que pode ser caro(a) ou barato(a).

Uma avenida e um túnel custaram muito caro, caro demais. O preço deles foi muito alto, espantosamente alto.

Já se mostrou que o metro quadrado da avenida Água Espraiada e do túnel Ayrton Senna, abertos pela prefeitura em São Paulo naqueles tempos, custou mais caro do que o metro quadrado do túnel sob o canal da Mancha. Uma grandeza e um recorde.

O que se há de fazer com esses preços? Votar melhor para não pagar muito caro de novo pelo voto errado. Ou, de outra forma: votar melhor para não pagar preço muito alto por eleger picaretas.

O PARTO DE MARIA

QUANDO A FILHA da Xuxa nasceu de produção independente, muito se falou disso. Daí que anos depois, em Belo Horizonte, o juiz da Vara de Registros Públicos do Fórum Lafayette, Antônio dos Anjos, orientou o pessoal dos cartórios da cidade a rejeitar o nome "Sasha" para os recém-nascidos. É que muita gente simples quis utilizar o nome dado à filha por Maria da Graça Meneghel, também conhecida por Xuxa.

O juiz considerou que as crianças assim batizadas poderiam ser ridicularizadas e constrangidas no futuro. Disse ele ter ouvido dizer que Sasha "é nome de cachorro, de chip de computador e diminutivo de um nome alemão".

De cachorro pode ser, e até de chip de computador, mas não diminutivo de nome alemão. Sasha é uma espécie de diminutivo russo carinhoso de Alexandre e Alexandra. Algo em nossa língua como Xando ou Xanda, Xandinho, Xandinha ou Xandoca.

Teria esse juiz ido além do dever?

Caruso em Nápoles

O ERUDITO MAESTRO, apresentador de um programa de música lírica da Rádio Cultura FM, de São Paulo, ao comentar a vida de Caruso, que nasceu e morreu em Nápoles, disse que ele havia morrido de septicemia *generalizada*. Em sua seção "Datas", em que anuncia a partida de pessoas deste vale de lágrimas, a revista *Veja* publicou há algum tempo que alguém morrera do mesmo mal: septicemia *generalizada*.

Um engano, claro. Não em relação à morte anunciada, mas à expressão. Na verdade, um pleonasmo. Seria bom lembrar que septicemia significa processo infeccioso generalizado. A etimologia dessa palavra é tão desagradável que não convém falar dela.

Enfim, dizer que alguém morreu de septicemia *generalizada* talvez equivalha a dizer que morreu de morte morrida ou de morte matada. Ou que morreu porque parou de respirar. Já publicaram, aliás, sem aparente intenção de fazer graça, que uma pessoa havia morrido porque o coração cessara de bater. Parece uma boa razão para morrer.

Libido à solta

Baseados em pesquisas que dizem ter sido feitas nos Estados Unidos, os responsáveis por uma clínica médica divulgaram documento em que atribuem à melatonina a "melhora do líbido (*sic*) sexual", entre outros benefícios.

Trata-se de uma distração localizada. Ou melhor, de três. Primeiro, porque libido é substantivo feminino — a libido. Já foi admitida também como masculina no *Aulete*, mas isso em priscas eras. Segundo, porque a sílaba tônica é a penúltima: liBIdo. Terceiro, porque libido já significa instinto sexual. Do latim *libido*, de *libere*, ter vontade de, desejo violento, paixão, luxúria.

Em psicanálise, libido é a energia motriz dos instintos da vida, isto é, de toda a conduta ativa e criadora do homem. É só ir a qualquer bienal de artes, que ocorrem por coincidência de dois em dois anos, e esvair-se de prazer diante de algumas daquelas magníficas instalações artísticas para perceber que Freud tinha razão: há rolos de papel higiênico, penicos, móveis e velhos automóveis dependurados, panelas de chocolate em ebulição, viveiros de urubus e coisas semelhantes. Obras para estimular a libido mais refratária ao bem-bom do amor físico.

Outros, que não psicanalistas, consideram libido a energia vital, sem necessariamente ligação com o impulso sexual. Mas o sentido prevalente é o de desejo, procura instintiva do prazer sexual.

Existe uma palavra parecida, porém masculina: o líbito, do latim *libitum*. Líbito (aí, sim, a sílaba tônica é a penúltima) significa arbítrio, vontade, desejo. O líbito, portanto, é parente distante da indispensável libido, que tanto bem e mal nos faz.

Olha só, é ruim, hein?

De vez em quando aparecem palavras ou expressões que se propagam em ondas, como pragas, frequentemente difundidas pela TV, em geral pela Globo, a maior difusora cultural do país. São cracas linguísticas que surgem e desaparecem, substituídas por outras. Às vezes, quando sintetizam bem certas situações, podem até incorporar-se à língua como gíria mais duradoura. Mas em geral brotam de partes menos nobres do corpo e são expelidas pela boca sem passar pelo cérebro. São coisas como "é ruim, hein?", "com certeza", "faz parte", "olha só!". Há várias outras. Umas "pegam" mais, outras, menos. Duram semanas ou meses. Como a gripe. Sempre houve esses pequenos flagelos, mas eram mais raros. Nos últimos anos, por causa da TV, tornaram-se frequentes.

A última onda talvez tenha começado com o tal de "a nível de". Mas "a nível de" brotou há anos na universidade para pretensamente refinar o discurso. Coisinha feia.

"Olha só" é uma espécie de vocativo com que apresentadores de TV passaram a chamar a atenção para um assunto que vão introduzir (no bom sentido). É uma espécie de aviso de parágrafo. Já são repetidas por aí na rua para nossos ouvidos tristes.

Olha só, vamos mostrar agora a última da dona Marocas.

Olha só, o Ronaldiiiiiiiiiiiiiiiiiiinho pegou na bola!

Olha só, os brasileiros já eram!

Olha só, agora os nossos candidatos vão comer baratas!

Olha só, temos novas imagens do médico que fatiou a mulher.

Olha só, aquele homem entrou para a política com um carro velho e agora é milionário, sinal de que o bom Deus o ajudou muito.

Olha só, o pemedebê aderiu de novo, é nova!

Olha só, o Jader Barbalho e o Maluf estão de volta!

Olha só, chegou a hora do nosso simpático horário político obrigatório.

Olha só, aquele eterno candidato que acusam de ter dinheiro no exterior disse que o dará todo a quem provar que ele nunca roubou.

Olha só, a bispa e o marido apóstolo foram presos com dólares escondidos numa Bíblia escavada.

Conversa de um candidato com outro político:

— Olha só, tá vendo aquele viaduto lá longe?
— Viaduto? Que viaduto? Não vejo nada.

— Olha só, bobão, não vê porque tá aqui no meu bolso. Por que o espanto? Olha só, neste outro bolso tem um túnel...

Não se pode dizer que expressões papagaiosas como "olha só" e outras sejam manifestações de originalidade ou de inteligência.

Incidente na China

O governo de Pequim apreendeu avião de espionagem norte-americano, que foi forçado a pousar em território chinês. O incidente ocorreu depois de pressão de caças chineses. Um deles caiu no mar. Na sequência, um jornal brasileiro publicou, já faz tempo:

> *O incidente envolvendo a espionagem aérea norte-americana cai como uma luva na estratégia que a China desenvolve em suas relações com o governo George W. Bush.*

Pode-se dizer que esse não é um belo texto. Embora publicado na era pré-Obama, serve para alguns comentários.

O verbo "envolver" tem sido muito maltratado nos últimos tempos. É uma espécie de pau para toda obra vernacular. Ou factótum, como diria o Cícero antes que lhe cortassem a língua afiada. Envolver tem muitos sentidos. Tantos que às vezes parece facilitar o trabalho do redator, porque se encaixa, forçado, em qualquer buraco, quase sempre empobrecendo o texto, percebemos quase todos.

Envolver significa enrolar, enfaixar, embrulhar; cercar, rodear, circundar, contornar; confundir, misturar; encerrar, incluir, implicar; enredar, comprometer; ocultar, dissimular, disfarçar; compreender, conter; cobrir, toldar; importar (*Aquilo* envolve *grandes despesas*).

Com seus muitos sentidos vagos, passou a ser o preferido de quase todos os noticiaristas de rádio, e de muitos de TV e de jornal, encarregados de cobrir acidentes, principalmente de trânsito.

> *Um trem, um ônibus, um motoqueiro e um helicóptero se* envolveram *num acidente hoje (ontem) na Avenida Brasil.*

Parecem ignorar a existência de verbos como colidir, chocar-se, trombar, bater, atropelar. E os substantivos correspondentes colisão, choque, trombada, batida, atropelamento. Sem falar em abalroar, abalroamento, palavra feia conhecida nos tempos de trânsito menos pior.

É sempre envolver. Pior: gostam do gerúndio — *envolvendo* —, tão tristemente usado no texto sobre o avião de espionagem: "O acidente envolvendo a espionagem..."

O que fazer com tal gerúndio? Fora o que um ou outro leitor impaciente possa pensar, pode-se trocá-lo por algo mais preciso e adequado à natureza da língua. No caso do trânsito, por que não "um acidente com um trem, um lotação etc. paralisou hoje o tráfego..."? Ou então: "Um ônibus, um caminhão e doze automóveis colidiram, chocaram-se, trombaram hoje..." Ou troca-se o gerúndio indevido por uma preposição: "O choque (colisão etc.) de um ônibus com um lotação hoje na Avenida Brasil paralisou a cidade."

Quanto ao incidente chinês, quem quisesse manter o verbo escorregadio, sem alterar a estrutura da frase, bastaria trocá-lo por "que envolveu", oração apelidada de adjetiva, mas evitável por causa do rude "que": "O incidente que envolveu a espionagem..." Melhor eliminar o "envolvendo" e seus vestígios: "O incidente resultante da espionagem aérea norte-americana..."

Nada contra o gerúndio, a não ser quando usado indevidamente, como nos casos já vistos e nestes, muito, ruins, excepcionalmente ruins:

> *O jornal publicou reportagem contendo belas fotos.*
> *Recebeu carta incluindo instruções sobre como agir.*
> *Procura-se repórter sabendo escrever.*
> *O avião norte-americano voando no espaço aéreo chinês foi forçado a pousar.*
>
> *Entrou no apartamento pegando fogo.* (De um colunista, em distraído exercício de ambiguidade: estaria a pessoa ou o apartamento em chamas? Se estivesse em chamas a pessoa, seriam chamas reais ou figuradas? A Daniela Cicarelli, por exemplo, história antiga, foi flagrada em chamas mergulhada na água de mares espanhóis com um cavalheiro aparentemente em brasa.)
>
> *Um livro envolvendo comidas de Natal.* (De um jornal, em descabimento extremo.)

Não é preciso ser normativista de carteirinha nem muito esperto para considerar inadequados textos como esses. São casos discutíveis, que convém evitar. Em todos eles, o gerúndio pode e deve ser substituído pela preposição apropriada ou por oração adjetiva.

Melhor escrever: reportagem com belas fotos ou ilustrada com (de) belas fotos, carta com instruções, repórter que saiba escrever, avião que voava no espaço aéreo chinês, entrou no apartamento que pegava fogo, livro sobre comida, livro de receitas.

No textículo sino-americano, há também um "desenvolve", que remete sonoramente ao "envolvendo". Poderia ser uma graçola linguística, mas parece antes um caso de descuido.

Mais triste talvez do que o mau uso do gerúndio é o "cai como uma luva" no texto chinês. "Cair como uma luva"?

Uma chuva de lugares-comuns cai como praga nos textos jornalísticos em algumas áreas. São tão comuns, colaram-se tanto aos ouvidos gerais que deixamos de percebê-los. Constituem sempre a solução mais fácil. Todos sabem o que significam, e permanecem, indestrutíveis, eternos.

A melancólica expressão dicionarizada é "assentar como uma luva", correspondente a convir perfeitamente, adaptar-se bem, com perfeição. Mas faz sentido também "servir como uma luva". "Cair como uma luva" é menos sensata, mas muito lida e ouvida. Cair? Se cai, a luva deforma-se, enrola-se, a menos que seja de boxe ou de madeira. Quem sabe de metal, como luvas que envolvem eixos mecânicos. É possível também que tenha havido o cruzamento de dois lugares-comuns: cair como uma bomba e assentar ou servir como uma luva.

Em todo caso, fica implícito que a luva deve ser adequada à mão que a calça. Se as pessoas forem de tamanhos diferentes — como nos exemplos já históricos de Bill Clinton e a Monica Lewinsky —, a luva de um não servirá para o outro. Poucas coisas de um, aliás, servem bem ao outro, conforme as circunstâncias. (De todo modo, o peralta Bill Clinton deixou saudades, considerando a obra do sucessor, o tragicômico George W. Bush.)

O fato é que todos sabemos ser preciso apagar do repertório pobrezas como assentar, servir, ajustar-se ou cair como uma luva. Em vez de "cai como uma luva", "convém perfeitamente", "ajusta-se com perfeição", "adapta-se muito bem" à estratégia chinesa nas relações com os Estados Unidos. Ou palavras melhores, que o gênio de cada um saberá escolher sem escorregar na maionese azeda do lugar-comum.

Como ficaria o indigitado textículo sino-norte-americano, se um pouco mais meditado? Uma possibilidade, sem "envolvendo", nem "luvas", nem "desenvolve":

> *O incidente resultante da espionagem aérea norte-americana ajusta-se (adapta-se) com perfeição (convém perfeitamente) à estratégia adotada pela China em suas relações com o governo de George W. Bush.*

Da mesma natureza chinfrim da luva decaída são: acertar os ponteiros; a duras penas; a mil; a sete chaves; a toque de caixa; alto e bom som; aparar as arestas; atingir em cheio; cair como uma bomba; caixinha de surpresas; chegar a um denominador comum; com a corda toda; colocar um ponto-final; dar o último adeus; deixar a desejar; hora da verdade; não poderia imaginar; pano de fundo; pesado caminhão (veículo ou ônibus); respirar aliviado; transparência ou transparente (em relação a política, plano, passado etc.); acabar em pizza; fazer a lição de casa...

Como dói.

Essas e várias outras são expressões ordinárias que não fica bem usar nem por distração. Sempre à mão e sempre indigestas, chegam aos dedos ou à língua com passagem fugaz pelo cérebro. Quando passam.

Legendas espantosas

Luciana Gimenez, grávida, põe a mão na barriga em desfile da Grande Rio; segundo tabloides ingleses, o filho é de Mick Jagger.

Esse textículo descritivo e gracioso serviu de legenda de foto carnavalesca de seis colunas por 25 centímetros na primeira página do jornal, já faz anos, mas o texto é engraçado e merece exame.

Que a dama estava grávida todos os que enxergam podiam ver, porque a barriga nua era exposta, como é moda discutível mesmo fora de desfiles carnavalescos.

Que estava com a mão na barriga só não veria quem não a visse nem pudesse ver.

Bom mesmo seria saber quem determinou aos legendeiros do jornal que tentem repetir a imagem com palavras. Por que os redatores de alguns jornais escrevem legendas inteligentes como essa?

Em relação à foto carnavalesca em que a dama grávida seminua põe a mão na barrigota, a legenda faz bem em identificá-la e contar aos leitores o que ela fazia no lugar em que estava. Para isso servem as legendas.

Em relação à barriga, teria graça, e seria útil, explicar a proeminência abdominal se a donzela a tivesse obtido por engolir uma melancia ou meia dúzia de abacaxis cascudos sem a conveniente mastigação. No entanto, considerando que o método foi o usual, bem conhecido e muito, muito agradável — pelo menos para o Mick, supõe-se —, qualquer pessoa simples conclui ser desnecessário dizer que a dama estava grávida, coisa bem visível.

Diz também a legenda que a moça estava com a mão na barriga. Não disse, porém, que a mão era a direita e que tinha cinco dedos, todos com unhas nas pontas, graças ao bom Deus. Nada é perfeito.

Na verdade, tudo pode ser dito, desde que de forma adequada. E as obviedades, também conhecidas como truísmos, convém dizê-las casualmente, como se fizessem parte da paisagem.

> *Luciana Gimenez desfila na Grande Rio sua gravidez, atribuída por tabloides ingleses a Mick Jagger.*

Essa é uma das muitas possibilidades.

Ainda não se sabe por que alguns redatores insistem em dizer com letras o que a foto revela com a imagem.

E jamais saberemos.

ORENTHAL JAMES SIMPSON, o ex-jogador, ex-comentarista esportivo e ex-ator norte-americano acusado de matar a mulher e um dileto amigo dela. Na sala de julgamento dessa história antiga, Simpson mexe no colarinho. O que diz a legenda do jornal?

> *O. J. Simpson mexe no colarinho da camisa no julgamento.*

Espantosa revelação, principalmente para o leitor que tiver recebido o jornal só com a legenda, sem a foto do Orenthal (Bom nome para manter oculto por um discreto O.) Ele de fato está mexendo no colarinho, não há como negar. É claro que os leitores que por sorte receberam o jornal com a foto acima da legenda poderiam pensar que o O. J. estivesse fazendo outra coisa. Coçando o pescoço, talvez. Matando uma pulga, quiçá. Era preciso, portanto, dizer que ele estava mexendo no colarinho. E colarinho da camisa, embora não houvesse nenhum colarinho de chope nas proximidades, porque o Orenthal não bebe. Principalmente quando está sendo julgado pela acusação de ter cortado o único pescoço de sua senhora. Não fica bem. O que pensariam dele os jurados?

Legenda é isso. Informação, surpresa, impacto.

Por que dizer que o O. J. estava animado, enervou-se, chorou, sorriu, caiu da cadeira, disse que amaria a própria mulher até que a morte infelizmente os separasse? Ou que o julgamento estava no quadragésimo dia e que demoraria outros duzentos? Por que dar na legenda uma informação pertinente à foto e aos fatos?

Por quê, ó céus? Provavelmente porque deve ser muito bom tentar reproduzir a imagem com palavras.

A FOTO DE TRÊS COLUNAS e quase meia página mostra um infeliz nativo liberiano em óbvia careta de dor, enquanto alguém, médico ou enfermeiro, em segundo plano, lhe tira uma bala do braço. A Libéria estava em guerra civil. O que diz a legenda?

> *Liberiano faz cara de dor ao ter uma bala retirada de seu braço por um voluntário em Monróvia (capital).*

Alguém, algum dia, nos explicará por que se fazem legendas tão surpreendentes, capazes de reproduzir tão bem a imagem a ponto de tornar a própria foto desnecessária.

Tudo bem que a legenda informe estar um voluntário tirando uma bala do braço do cidadão em Monróvia, a capital da Libéria. Mas será que precisava informar também que ele está urrando de dor? Será que o leitor poderia pensar que lhe faziam cócegas no braço e que ele estava gargalhando por causa do salário mínimo e das aposentadorias no Brasil? Será isso?

> *[...] ao ter uma bala retirada de seu braço [...].*

Nem convém lembrar que o possessivo "seu", referente ao braço do infeliz, é desnecessário e risível, porque certamente não é o braço do vizinho dele que estão esburacando a frio.

Ah, as legendas criativas...

Deivid e a camisa

Na primeira página do jornal, o atacante brasileiro Deivid, então no Corinthians, aparecia erguendo a camisa com óbvia alegria para comemorar um gol. O que revelava a alegre legenda, por todos os santos?

> *Deivid ergue a camisa para comemorar o terceiro gol marcado pelo Corinthians ontem.*

Não é perfeita? O fato mais evidente da foto, além do jogador, é ele estar erguendo a camisa, como não pôde ver quem não comprou o jornal, não olhou a foto e não leu a legenda. Foi uma grande perda.

O legendeiro poderia ter alegado que não estava sendo dolorosamente óbvio; apenas cuidadoso. Se não explicasse que o jogador estava erguendo a camisa, algum leitor distraído poderia pensar que se tratava de um *striptease*, o que deporia contra um jornal de família.

Isso lá é verdade. Viva a explicitude!

Dulcina e Cacilda neste mundo

A foto que ocupa três colunas de jornal (16 por 24 centímetros) mostra Dulcina de Moraes abraçada a Cacilda Becker. Ao lado, o ator Walmor Chagas, ainda de cabelos pretos. A imagem foi publicada a propósito de lembrança da morte de Dulcina. Como Cacilda morreu em 1969, todos acreditaremos que a foto foi tirada antes disso, a menos que tenha havido alguma manobra sobrenatural. Pouco importa. O que importa é a legenda:

> *Dulcina de Moraes abraça Cacilda Becker: ela mostrou dedicação em tempo integral ao teatro.*

1. Se a foto mostra uma dama abraçada a outra, por que traduzi-la com palavras? Estaria a foto com imagens em russo ou aramaico?
2. Walmor Chagas, ator de prestígio, está ao lado, no mesmo plano, e a legenda o ignora; seria ele invisível no original da foto examinada pelo editor legendeiro?
   Será que ele não reconheceu o ator, então sócio de Cacilda na época da foto e obviamente jovem, de cabelos pretos?
3. A foto de arquivo não conteria a identificação completa dos personagens.

Coisa feia, porque sabem todos, mesmo as pessoas simples, que foto sem identificação e sem data é documento manco. Supõe-se que o redator deveria ter apelado até para o dono do jornal, se fosse preciso, para identificar os imortalizados. Ou ter cortado da foto o assunto rejeitado para que a pessoa ignorada não se mortifique por saber-se já invisível em vida.

4 . Não haveria espaço para identificar as criaturas perpetuadas pelo fotógrafo.

Não era o caso, porque o espaço abundava. Se não houver espaço, que a legenda se limite a identificar os seres ali expostos, mas não deixe de fazê-lo nem que seja a última coisa que legendário faça.

Mais uma coisa sobre essa legenda: ela diz que Dulcina "mostrou dedicação em tempo integral ao teatro", e ignora que Cacilda morreu no palco: interpretava *Esperando Godot*, de Beckett, e sofreu uma embolia cerebral. Morreu pouco depois.

Claro que a reportagem não cabe na legenda e não se pode dizer muito nela, mas deveria lembrar que Dulcina viveu para o teatro e Cacilda morreu no palco. Algo como "Dulcina, que viveu para o teatro, e Cacilda, que morreu no palco. Junto delas, Walmor Chagas".

O fato primordial é o seguinte, como diria o Conselheiro: a legenda deve identificar e complementar a foto e não tentar explicar com letrinhas as imagens que qualquer pessoa pode ver, desde que não seja cega, não tenha falecido nem seja uma larva marciana petrificada.

Essa história de "Ronaldinho brinca com a bola no treino ontem", "Caetano telefona na sala de sua casa no sábado passado", "Lula conversa com José Dirceu no Palácio da Alvorada ontem" e quetais revela alguma indigência. Que fazer senão sofrer?

O VÍRUS E O PRAZER

OS COMPUTADORES, máquinas maravilhosas, de vez em quando são atacados por vírus estranhos. Esses monstrinhos afetam as máquinas, destroem programas, devoram textos e produzem erros, ou melhor, distrações.

Tais vírus têm gerado construções como "detentos cerram grades", "chacina mata pessoas", "o mais razoável é imaginar-se", "prazeiroso" etc.

1. Como sabemos todos, detentos serram grades quando lhes dão serras, porque cerrar, com "c", por enquanto é fechar, unir. "Cerrou os punhos irritado ao ouvir perguntarem de onde tinha vindo o dinheiro do Mensalão."

2. Chacina não mata, porque já significa matança, morticínio. Do latim *ciccina*, carne-seca; depois, carne picada para fazer linguiça; matança de gado para alimentação; esquartejamento; depois, ferimento, matança de várias pessoas. "Os elementos foram vítimas de uma chacina no morro da Cuíca", disse o delegado.

3. O "se" de construções como "o mais razoável é imaginar-se" tem tanta utilidade quanto os tais vírus informáticos. Alguém fala "Osso duro de roer-se"? Ou "Foi fácil acreditar-se na sinceridade de Fernandenrique ou de Lula"? Trata-se do mesmo "se" virótico. Lixo com ele.

4. "Prazeiroso" será proveniente do substantivo búlgaro *prazeir*, que significa orgasmo múltiplo? Ah, as montanhesas búlgaras, escalando escarpas atrás de bodes... "Prazer", do indo-europeu, chegou ao latim, pelo itálico, como *placere*, com um pouco menos de intensidade, e transformou-se em "prazer", mesmo assim significando gozo, delícia, satisfação. De prazer nasceu "prazeroso", sem o nefasto "i".

Distrações, nada mais do que distrações.

Cinco pecadilhos

Uma de nossas folhas escorregou cinco vezes num texto de natureza cultural.

Primeira: "... o próprio Sartre, cuja obra está há mil anos-luz da mentalidade..." O redator distraído pensou em Sartre já no céu com a Simone e castigou o verbo haver ("há mil anos..."), que se usa para indicar tempo passado no lugar de "faz". Só que a ideia no caso é de distância, sempre definida pela solitária e suficiente preposição "a".

A prática do Lula presidente está a anos-luz da prática do Lula líder sindical.

Usa-se também a preposição "a", e apenas ela, quando se quer expressar tempo futuro.

A uma semana das eleições, o candidato tem certeza da vitória.

Na referência ao passado, não há dúvidas.

Há (faz) cinco meses, ele pensou que seria eleito.

Segunda: "... versão contradiz à do pai."

Contradiz-se alguma coisa e não "a" alguma coisa. Se não há preposição "a" cavalgada pelo artigo "a", não há crase. Portanto, "... versão contradiz a do pai", "O candidato contradisse o que falou antes". O imaculado político jamais contradiria o que escreveu ou falou antes porque se cobriria de vergonha.

Terceira: "... sem saber o mal que lhe acometeu..." O verbo acometer rejeita o lhe, objeto indireto, porque é transitivo direto no sentido de atacar, apossar-se. Convém lembrar que "lhe" somente substitui palavra preposicionada ("Dou-lhe algo" = "Dou algo *a* você"; "lhe" substitui "a você" com brilho.) Portanto, "*... mal que o acometeu*". Aliás, por que usar um verbo feinho como esse? Por que não "afetar", "atingir", "atacar"?

Quarta: "Gostaria de agradecê-lo pela paciência..." Deve-se agradecer o voto (objeto direto de coisa), agradecer ao eleitor (objeto indireto de pessoa) e agradecer-lhe o voto (os dois objetos). Alguns sábios consideram aceitável a regência "agradecer-lhe pela paciência", mas o "o" (objeto direto) daquele "lo", nem a cacetada. Portanto, agradecer-lhe a paciência.

Quinta: "... mapas melhores dimensionados..." é coisa de alpinista do pico do Jaraguá, aquele arredondado, em São Paulo, de poucos metros de altura. Dupla distração. O amigo escalador deveria ter escrito "... mapas mais bem dimensionados...". Primeiro usou a forma sintética (melhor) de comparação de superioridade do advérbio "bem". Depois pluralizou indevidamente o advérbio "melhor". Pior, só discurso de político. Seria bom relembrar que, se o advérbio (bem, mal) modifica adjetivo ou particípio (no caso, "dimensionado"), convém usar a forma comparativa analítica de superioridade (epa!): mais bem, mais mal. "O candidato honesto será o mais mal votado, e o picareta, o mais bem votado." Mas esse não chega a ser problema, porque bons autores usaram "melhor" nessas condições. "Melhor" e "pior" são comparativos sintéticos dos advérbios bem e mal e também dos adjetivos bom e mau. É óbvio que, quando advérbios, no lugar de bem e mal, melhor e pior não têm plural, como imaginou o redator cansado com seus mapas mais bem dimensionados.

A VÍRGULA SEM HUMILHAÇÃO

EM BOM ARTIGO sobre a trajetória acadêmica e política de Fernandenrique, um erudito articulista derrapa na vírgula. Talvez seja mesquinharia falar em vírgula num mundo explosivo e em transformação como o nosso, um mundo que contém tantos malfeitores de alto coturno em postos de mando, ainda mais considerando a excelência da análise. É claro que o autor paira acima de questões virgulatórias.

O poeta Ferreira Gullar disse há muito tempo que “a crase não foi feita para humilhar ninguém”. Nas circunstâncias, a tirada serve para a vírgula. Mas seria bom lembrar que a vírgula também não foi feita para enfeitar o texto nem marcar pausas para o cafezinho ou a respiração de pessoas ofegantes. A vírgula merece algum respeito. Sobretudo não pode separar o sujeito do verbo nem o verbo de seus complementos.

Foi esse o engano do articulista em três pontos, embora dizendo coisas sábias.

1. “Vêm dos anos 70, (*sic*) os textos de combate pela democracia.”

(Ele se refere a textos do ex-presidente Fernandenrique.)

O verbo "vêm" aparece antes, mas nem por isso merece o castigo de ser separado do sujeito "textos". "Os textos de combate pela democracia vêm dos anos 70."

2. "As figuras do governo que quiseram ajudá-lo, (*sic*) só conseguiram complicar-lhe o jogo."

A vírgula depois de "ajudá-lo" tem tanta utilidade quanto a palavra da maioria dos políticos. Para realçar as ótimas figuras ajudantes de Fernandenrique no governo, o articulista poderia ter separado por vírgulas a oração explicativa "que quiseram ajudá-lo": uma antes de "que", outra depois de "ajudá-lo". Teria sido aceitável do ponto de vista estilístico.

3. "Os morros do Rio com suas favelas fazendo fundo para os edifícios da classe média, (*sic*) são um fenômeno anterior e da mesma natureza."

Embora o sujeito (morros) esteja longe do verbo (são), a vírgula entre eles pega mal. No caso dos morros malvestidos em que era sempre feriado nacional, sobrou a vírgula depois de "classe média" ou faltou a vírgula antes de "com". Seria o par ideal que isolaria a oração intercalada e explicativa "... com suas favelas fazendo fundo para os edifícios da classe média..." da principal "Os morros do Rio são um fenômeno anterior e da mesma natureza".

Fenômeno, mesmo, seria as pessoas ficarem se lembrando da desagradável nomenclatura gramatical — sujeito, predicado, orações intercaladas, catacrese etc. Por isso, ó secretárias, estudantes, políticos e redatores distraídos, dois cuidados elementares resolverão muitas questões virgulantes. Primeiro, sujeito e verbo são inseparáveis, como políticos e suas vantagens. Segundo, as vírgulas funcionam em geral como parênteses; ninguém deixa de fechar um que abriu ou fecha um sem que o tenha aberto. Basta fazer a mesma coisa com as vírgulas que separam explicações: havendo uma, haverá outra antes ou depois. Ou, no lugar de uma delas, estará o começo ou o fim da frase.

Para que mais?

“Dois real” por quê?

Por que será que muitas pessoas, não necessariamente analfabetas, falam “dois real”, “cinco real”, “dez real” e assim por diante, ignorando o plural óbvio — reais — de nossa gloriosa moeda? Provavelmente, estão brincando. Terá algo a ver com os “um chopes e dois pastel” que os cariocas imputam, isso mesmo, imputam, a paulistas simples?

O real não se inclui entre os substantivos que só se empregam no singular, apelidados por alguns gramáticos de *singularia tantum*. (Os que só se usam no plural são chamados de *pluralia tantum* em bom latim.)

1. Entre os substantivos que só se usam no singular estão:

   a. os que designam massa, em vez de indivíduos: ferro, ouro, oxigênio, prata e outros;

   b. os que exprimem noções abstratas, vícios e virtudes: fé, esperança, caridade, preguiça, sensatez e outros;

   c. os que designam produtos vegetais e animais: açúcar, arroz, cana, feijão, leite, vinho etc.

Só em condições especiais eles são utilizados no plural: dois cafés (xícaras), cafés finos (tipos), vinhos italianos (qualidade). Alguns até mudam de sentido no plural: liberdade, no plural, se transforma em ousadia, atrevimento.

"Não fica bem tomar liberdades com o eterno candidato suarento."

2. Dos nomes usados só no plural, alguns nunca se encontram no singular: anais, calendas, cãs, esponsais, víveres etc. Outros, no singular significam coisa diferente: bem (benefício, virtude), bens (propriedade, valores); féria (renda diária), férias (descanso); matina (madrugada), matinas (hora canônica); pau (madeira), paus (naipe do baralho), e muitos mais.

Percebe-se que o real não se enquadra em nenhum desses casos excepcionais de singular/plural. É, portanto, um fenômeno tão raro quanto político mão-leve. Por que será, aliás, que eles se esforçam tanto para se eleger se gastam mais nas eleições do que receberão durante o mandato inteiro? É uma questão simples de fé na humanidade: porque são idealistas; mesmo que tripliquem o salário, como sempre querem, nem de longe vão recuperar o que gastaram. Eles merecem. Amam o Brasil.

De volta ao real, nada há que justifique sua singularidade distraída, a não ser o fato de ele ter-se gravado com muita firmeza como singular por causa da campanha de implantação. Falou-se tanto em Plano Real durante alguns meses que a palavra se fixou com força como singular. E o horário eleitoral — em que Fernandenrique dizia em 1994 "Isto é real", e Lula, "Vamos manter o real, porque temos de prestigiar nossa moeda" — contribuiu para fixar na memória do povo a imagem singular do poderoso real.

Na verdade, trata-se de uma volta do real, que já foi moeda portuguesa antiga e antiga unidade do sistema monetário de Portugal, Espanha e Brasil. Seu plural era réis.

Por coincidência, o real é unidade monetária, e moeda, da Arábia Saudita, da República Árabe do Iêmen, de Omã, do Irã e do Catar. No Brasil do século passado foi substituído pelo "mil-réis", e suas moedas receberam nomes específicos como vintém (20 réis), pataca (40 réis) e tostão (100 réis). O cruzeiro e seus centavos tomaram o lugar dos mil-réis em novembro de 1942, no governo ditatorial de Getúlio Vargas.

Depois veio o cruzeiro novo em 1967, de novo o cruzeiro, o cruzado, o cruzado novo, de novo o cruzeiro, o cruzeiro real, o real, o... Não. Esperamos todos que a nova moeda seja infinita enquanto dure, como disse o poeta. Mas que haja plural. Por que o real não pode ter um plural digno como o dólar?

Em que o dólar é melhor do que o real?

A VIDA COMO UM TODO

EXPRESSÃO DO ARCO-DA-VELHA, "como um todo" é empregada em geral para dar balanço à frase, força ao discurso. O autor na verdade pensa que está dando o tal balanço, que está enriquecendo a exposição da ideia. Está na verdade escorregando nas próprias tamancas e inchando a frase com uma tolice tão cheia de sentido quanto um daqueles discursos que temos o prazer de ouvir (e ver) durante o horário político obrigatório ou nas emissoras de câmaras e do Senado.

Um bom articulista, por exemplo, num possível momento de indisposição visceral, escreveu sobre os estragos que a conduta de certos empresários "causa à saúde como um todo". Todos os dias, em todo lugar, os jornais, as revistas e os noticiários de TV e de rádio revelam que alguém "como um todo" se referiu a algo "como um todo".

Por que "como um todo"? A saúde como um todo, a sociedade como um todo, o povo como um todo, o Brasil como um todo, o Lula como um todo, o mercado como um todo, o nabo como um todo, a vovozinha como um todo. Por quê?

Como todas as coisas têm nome, pode-se concluir sem dificuldade que não é preciso juntar o "como um todo" ao nome que já abrange o todo como um todo.

Se alguém como um todo quiser se referir à parte do todo expresso pelo nome, a língua propicia generosamente elementos para particularizar a coisa. Caso seja preciso, diremos "saúde mental", "sistema oficial de saúde", "mortalidade infantil", "rede hospitalar", "saúde da vovó" e assim por diante.

Caso contrário, dispensaremos o "como um todo" (muito usado nos meios políticos) para não machucar os ouvidos de ninguém.

TARZÃ E AS MACACAS

TARZÃ APRENDEU a falar primeiro a linguagem dos gorilas porque foi criado por Kala, a macaca. Depois é que se alfabetizou em inglês, sozinho, gênio que era, estudando os livros encontrados na cabana em que seus pais morreram depois do naufrágio nas costas da África. O fato é que Johnny Weissmuller, o maior Tarzã do cinema, aprendeu a emitir "gurr" em diferentes entonações e com certos movimentos e trejeitos.

O que tem a ver o urubu com a Cinderela?

Essas lembranças surgiram da visão de mais um criativo anúncio veiculado em cartazes pela cidade, talvez pelo mundo, em que o redator atropela de novo o modo verbal imperativo. Primeiro foi o anúncio do cigarro Dallas, que brilhou por aí: "Pega o seu" em vez de "Pega o teu" ou "Pegue o seu". Depois foi a vez do TAFF MAN E:

"Se você não gosta, continua no milk-shake."

Além da mistura (*você* não gosta, continua *tu*), o artista ainda punha em dúvida o sabor do produto que pretendia defender. Maravilha.

Se o Tarzã, antes de assumir sua posição de lorde Greystoke, se metesse a usar verbos, faria coisas como essas, misturando o pronome na terceira pessoa com o verbo na segunda. Como era esperto, ficava na dele. Ou melhor, na dos gorilas, que era a língua que conhecia bem nos primeiros tempos. Outra lembrança: Edgard Rice Burroughs (1875-1950), criador do Tarzã, não diz, mas pessoas maliciosas desconfiam de que o herói da selva andou utilizando sua astúcia humana para seduzir uma ou outra ingênua macacona, fora a Chita, antes que Jane lhe ensinasse a coisa certa. Ele até era conhecido entre elas como "o pelado gostosão". Mas esses eram tempos recatados e não convém macular a pureza da personagem. Fiquemos no uso do idioma um tanto maltratado.

Será que o redator maltratante do imperativo nicotínico foi o mesmo do anúncio do TAFF MAN E? Será primo? Admirador? Discípulo? Será a mesma agência a geradora de tão instrutivos cartazes, que por puro luxo papagaial chamam de outdoors? Por que não faz, ou não fazem, se for uma dupla dinâmica, como o bom Tarzã, que se abstinha de usar verbos para não se embaraçar com eles, e enviava as mensagens telegraficamente? Assim:

"Dallas bom pulmões", "TAFF MAN E bom cérebro".

Ou, em fase posterior da evolução:

"Pegar bem fumar Dallas. Pegar teu", "Se você não gostar TAFF MAN E, continuar milk-shake", "Mim também querer aposentadoria gorda integral governadores, deputados, senadores, juízes, militares, aumento garantido".

O fato é que os criadores desses anúncios desprezam formalismos. Alegam ser preciso falar a linguagem do povo e que se dane o resto. Questão de empatia. Linguagem popular, mas de acordo com a norma culta, para piedosos fins didáticos? Muito trabalho. Quem quiser que vá para a escola.

Eles têm razão, e a maioria dos linguistas concorda com eles. Todos acham que a língua não tem de ser fiscalizada por gente interessada em defender a norma culta, já que o povo faz a língua. E, se quer misturar tempos e pessoas verbais, que misture. No entanto, já que os publicitários escrevem anúncios em textos públicos, seria bom que se esforçassem para criar maravilhas de acordo com a língua padrão. Com mais esforço, brilharia ainda mais a criatividade de todos.

Convém repetir a formação do imperativo, modo quase falecido, para ninguém esquecer. Talvez sirva para algum concurso. Toma-se a segunda pessoa do singular e do plural do presente do indicativo, sem o "s", e as outras pessoas do presente do subjuntivo sem alterações:

Presente do Indicativo	Presente do Subjuntivo	Imperativo
continuo	continue	–
*continua(s)	continues	continua
continua	*continue	continue
continuamos	*continuemos	cotinuemos
*continuai(s)	continueis	continuai
continuam	*continuem	continuem

Como então escreveria o anúncio um redator que não fosse primo dos autores dos dois ou não tivesse frequentado a mesma escola?

"Se você não gosta..., continue preferindo..."

Ninguém tem dúvida de que esses redatores sabem conjugar verbos no imperativo. Quando escreveram os anúncios e os espalharam por aí com justificado orgulho, foi só para causar arrepios de prazer na multidão. "Falem mal, mas falem de mim", pensam eles. Não, na verdade pensam:

"Faleis mau, mas faleis de mim."

Viva o Tarzã, que sabia usar a língua!

Ao pé da cadeirinha

O JORNAL PUBLICOU em editorial o seguinte período:

> *Não haveria sentido algum em premiar apenas uma das partes que souberam agir com tanta maturidade num processo...*

A expressão "uma das partes que" é variante de "um dos que" (= um daqueles que), e ambas levam normalmente o verbo para a terceira pessoa do plural. Isso é indiscutível quando a ação verbal se refere sem dúvida e com a mesma intensidade a mais de um sujeito do grupo. É o caso claro e formalmente indiscutível do editorial, por ser óbvio que as duas partes "souberam agir", talvez com o mesmo interesse.

Muitos autores, no entanto, consideram que "um dos que" pode levar o verbo para o singular, se a ação verbal se referir a apenas um componente do grupo. Só que o uso de "um dos que" com verbo no singular se baseia em exemplos pouco frequentes de autores clássicos, que em geral quiseram ressaltar a importância de um só dos atores da ação.

Pouca gente agora, mesmo que goste de bordados estilísticos — e não no jornalismo nem na publicidade —, se atreverá a usar "um dos que" ou "uma das partes que" com o verbo no singular, como em lusos tempos d'antanho:

> *Esta cidade foi uma das que mais se corrompeu...* (Frei Luís de Sousa, 1555-1632).
>
> *Uma das coisas que muito agradou sempre a Deus...* (Antônio Vieira, 1608-1697).
>
> *Quem é aquele homem que fica ao pé da cadeirinha? Parece-me que é um dos que me prendeu* (Camilo Castelo Branco, 1825-1890).
>
> *O reitor foi um dos que mais se importou...* (Júlio Dinis, 1839-1871).

Ou esses autores quiseram ressaltar a posição do componente premiado com o singular ou os computadores deles já eram atacados por aquele vírus que troca letras e produz discordâncias.

Com base nesses exemplos e em outros, também de clássicos, seria possível escrever coisas como:

> *Lula é um dos candidatos que venceu a eleição para presidente.*
>
> *A equipe italiana foi uma das que venceu o Campeonato Mundial de Futebol de 2006.*
>
> *Zidane foi um dos jogadores que cabeceou o peito do desafeto Materazzi na Copa de 2006.*

É óbvio que nesses três últimos casos, nenhum de autor clássico, a ação verbal se refere a um só dos elementos de cada coleção. E que o singular até se justifica. Mas não tem sentido utilizar "um dos que" nem em tais casos; são construções tão tortuosas e forçadas que só um desses candidatos com cara de sepulcro caiado poderia se valer delas. Escreve-se com clareza e sem tricotagem: Lula venceu a eleição, a Itália ganhou a Copa, Zidane cabeceou Materazzi.

Melhor esquecer o singular, que ninguém mais consegue defender na língua atual, e ficar com "um dos que" no plural para sempre.

> *Patrocínio foi um dos brasileiros que mais trabalharam...* (Laudelino Freire).

Com omissão de "um":

> *Não sou dos que acreditam no direito divino da velhice* (Joaquim Nabuco).

> *Zé Dirceu é um dos muitos que alegaram inocência.*

> *Você vê um dos homens de branco que estão ao lado do Maluf? É o papa.*

O MALGAXE E A CONCORDÂNCIA

ALGUÉM ESCREVERIA "a oposição atrasaram as unidades"? Claro que não, a menos que fosse natural de Madagascar e estivesse há pouco tempo no Brasil. Três meses, talvez. E que tal "o atraso na entrega atrapalharam..."? Só se, além de malgaxe, que é como se chamam aqui as pessoas nascidas em Madagascar, o autor estivesse distraído, vendo a banda passar.

Pois o jornal publicou esses pequenos enganos numa única e iluminada nota. A atenuante nos dois casos é o recheio que aparece entre o sujeito no singular e o verbo espantosamente no plural para levar o redator a se distrair assim.

> *A oposição dos moradores da Lapa e da Vila Leopoldina (zona oeste), bairros próximos aos cadeiões, atrasaram as unidades da cidade de São Paulo.*

> *O atraso na entrega de produtos importados, como as pias dos banheiros e os telhados especiais também atrapalharam, disse o delegado.*

Se não estivesse pensando na vida ou não tivesse perdido a aula de concordância entre sujeito e predicado, o redator teria redatado:

> *A oposição... atrasou...*
> *O atraso... atrapalhou...*

Se o redator foi à escola e leu alguns livros, isso pode ocorrer quando ele passa mal, mistura na cuca os anexos plurais do sujeito singular e o transforma num monstro capaz de remeter o verbo também para o imerecido plural.

Não nos esqueçamos da esquecida vírgula essencial depois de "especiais", na segunda oração; o famélico redator a devorou, separando o sujeito do verbo com a primeira vírgula, depois de "importados".

> *O atraso na entrega de produtos importados, como as pias dos banheiros e os telhados especiais, também* atrapalharam, *disse o delegado.*

A História registra que há muito tempo a extinta classe dos revisores em jornais punha ordem na casa em caso de analfabetismo irremediável ou distração doentia.

Coisas da vida.

A CHAVE DE OURO

TENEBROSA FOI A NOTÍCIA dada pela correspondente na Itália do noticiário radiofônico de emissora de rádio paulista.

> *Parentes de um bebê na região de Reggio di Calabria o espancaram até a morte, na tentativa de espantar o demônio que havia dentro dele.*

Depois de perguntar aos ouvintes talvez horrorizados: "Práticas medievais de volta à Europa?", a correspondente encerrou a notícia com o comentário dourado:

> *O Vaticano condena tais práticas.*

Não é bom saber que "o Vaticano condena tais práticas"? Não é consolador saber que o Vaticano condena o espancamento de bebês até a morte?

A primeira parte da notícia provavelmente foi lida ou traduzida. Notícia concisa que narra o essencial do barbarismo. Mas já com grave distração embutida:

Parentes de um bebê na região de Reggio di Calabria o espancaram até a morte, na tentativa de espantar o demônio que havia dentro dele.

Havia de fato um demo dentro da criança? A correspondente estava admitindo isso com seu texto: "... na tentativa de espantar o demônio que havia dentro dele."

"Havia"? O redator ou redatora sabe que "havia"? "Havia" mesmo?

Teria dito melhor, se não estivesse papando uma hóstia: "... para espantar o demônio que imaginavam haver dentro dele."

Muito bonita, no entanto, é a revelação luminosa, o fecho de ouro comovente, como num soneto de Camões, a que ela não resistiu:

O Vaticano condena tais práticas.

É bom saber.

Os anéis de Gardel

Num comentário de jornal sobre um velho filme de Carlos Gardel, *El día que me quieras*, descobre-se o seguinte trecho:

> *Vestido impecavelmente, de casaca ou no máximo de paletó e gravata, usando palhetas ou chapéis de aba larga, sorrindo sempre...*

É provável que o redator tenha tentado dizer "... de casaca ou no mínimo (pelo menos) de paletó e gravata...", por ser claro que casaca costuma ser estágio superior ao do paletó e gravata ou camiseta e calções. Uma distração, provavelmente do computador.

Distração também foi o plural de chapéu, que, só por momentânea obliteração dos sentidos do redator ou por safadeza do computador, saiu o pândego "chapéis". Por certo analogia auditiva de chapéu com anel. Do mesmo modo não convém dizer nem pluralizar degrau como "degrais", contaminação evidente do plural de jornal, bacanal etc.

Culpa do vício oral paulista de transformar o "ele" final em "u". Anel, anéis, jogral, jograis, degrau, degraus, chapéu, chapéus.

Por enquanto.

As pupilas e os putos

Um garoto do segundo ano do ensino médio tirou ótima nota no trabalho sobre o livro *As pupilas do senhor reitor* (1867), de Júlio Dinis, pseudônimo do médico e romancista português Joaquim Guilherme Gomes Coelho (1839-1871). Dias depois, assistindo a um capítulo da reprise da novela de mesmo nome no SBT, surpreendeu-se muitíssimo de saber que as pupilas do título eram duas donzelas, Clara e Margarida, sob os cuidados do sr. reitor, e não as pupilas dos olhos do santo homem.

Nos tempos de Júlio Dinis, pilantragens de padres pedófilos ou carcomidos pelo pecado eram tratadas como piada em historietas obscenas ou como ficção de ateus ignóbeis. Caso de *O crime do padre Amaro*, de Eça de Queirós, sacrílego empedernido que sabia das coisas.

O fato é que o garoto havia feito o trabalho escolar com base num resumo de *As pupilas do senhor reitor* registrado num livro didático, desses que já trazem a coisa mais ou menos mastigada. Às vezes até digerida. Tinha em mente que pupila significa fenda, abertura central da íris do olho, que dá passagem aos raios luminosos para chegarem ao cristalino e depois à retina. Imagem que se reflete nos olhos. Menina do olho.

Mas pupila significa ao mesmo tempo menina adotada por alguém que a cria, como as do romance. Do latim *pupilla*, diminutivo de "pupa", boneca, criança, menina.

Mas muitos dos que não leram o livro ignoravam também que "reitor" é o título do pároco ou prior em certas freguesias portuguesas. Além, é claro, do cidadão que rege, dirige ou tem a seu cargo os negócios de certas corporações escolares e religiosas. Reitor da universidade, reitor do seminário, reitor do liceu. Esse, aliás, é o sentido principal da palavra lá e cá.

A propósito, "freguesia" é nome de circunscrição administrativa de uma paróquia em Portugal; povoação — sede dessa circunscrição. Mas o significado mais usual entre nós é o de clientela, concorrência de compradores a determinado estabelecimento ou vendedor.

Melhor do que a acepção diferente de freguesia é um dos significados da palavra "puto" em Portugal. Puto lá é como chamam os meninos, crianças, filhos, miúdos.

> *Ó pá, como estão crescidos os teus putos! Deste-lhes fermento ao pequeno almoço?*

Confusão à mesa

Em reportagem sobre o ataque de bandidos a uma delegacia no Rio de Janeiro, o jornal publicou o seguinte:

> *Também teriam saído para comer o detetive Aloísio Joaquim e um carcereiro.*

Quem comer quem ou o quê?

Não fica bem escrever assim. Principalmente nestes tempos de descrença na espécie humana. Descrença que nossos políticos e juízes se esforçam tanto para eliminar. Além disso, há gente que só pensa naquilo. Pega mal expressar tais coisas. No mínimo por causa da confusão. O que vai pensar do jornal uma senhora de respeito? Trata-se de um caso de desbragada antropofagia? Ou de coisa pior, bem pior?

Nada disso. Trata-se apenas de uma infeliz colocação irregular, batizada pelos especialistas de "anástrofe", belo nome. Do grego "inversão" (no bom sentido). Anástrofe é o nome da inversão de termos da oração, isto é, um troca-troca eventual de lugares entre sujeito e verbo ou entre verbo e complementos. Não constitui erro, mas às vezes, como nessa, dá resultados duvidosos.

No caso da notícia, o anastrófico computador ensandecido jogou o sujeito da oração lá para trás, dando aos leitores apressados e maliciosos — que infelizmente não são poucos — uma falsa ideia das coisas. A ordem que tornaria a oração digerível por qualquer pessoa de respeito seria a seguinte:

> *O detetive Aloísio Joaquim e um carcereiro também teriam saído para comer.*

Na verdade, "comer" é palavra um pouco rude, com uma leve carga animalesca, às vezes até chulamente libidinosa, que poderia ser substituída por "jantar" nesse caso. A menos que o computador, preconceituoso, imagine que policiais são incapazes de jantar civilizadamente com o guardanapo no colo, as taças alinhadas — água e vinhos — e os talheres convenientes, batendo um bom papo sobre a vida.

É preciso paciência com os computadores, que vivem cansados de tanto trabalhar sem o consolo do pagamento pontual.

Demais ou de mais?

O TÍTULO um tanto irônico da nota de jornal foi o seguinte: "Nada demais." A nota se referia à colaboração dada pela empreiteira Odebrecht à campanha passada do PT. Desinteressadamente, é claro. Lula teria dito não ver nada de mais nisso. "Nada demais" ou "nada de mais"?

"Demais" significa em demasia, demasiadamente, em excesso, intensamente, muito, muitíssimo; além disso, os restantes, o restante. Em geral funciona como advérbio de intensidade que se casa com verbos e adjetivos. Às vezes com advérbios. Uma espécie de incesto gramatical. Quer dizer, vem junto de verbos, de adjetivos e até de advérbios.

"Demais", como advérbio = muito, em demasia, excessivamente, demasiadamente, em excesso, intensamente:

O candidato eterno mente demais. (Junto de verbo.)

Aquele deputado fala bobagens demais. (Junto de adjetivo.)

O bandido percebeu o erro tarde demais. (Junto de advérbio.)

"Demais", como adjetivo = os outros:

> *Com exceção daquele, os* demais *deputados têm a língua sob controle.*

"Demais", como pronome indefinido = os mais, os restantes, os outros, o restante:

> *Eu quero o meu, disse o tesoureiro da campanha; quanto aos demais, que se danem.*

"Demais", como conjunção = além disso:

> *Não condenamos o homem;* demais, *a acusação foi inepta.*

"E de mais?"

"De mais" significa a mais, anormal, fora da conta, capaz de causar estranheza — opõe-se a "de menos". É adjetivo (locução adjetiva) modificador de substantivo ou de palavra com valor de substantivo.

> *Não via nada de mais nas intenções do Bush: afinal ele só queria dominar o mundo.*
>
> *O tesoureiro recebeu dinheiro de mais.*
>
> *Ele meteu a mão, sim; o que tem isso de mais?*
>
> *Ou a Fé toda completa, cabal, absoluta, sem um átomo de menos, sem um átomo de mais... ou nenhuma fé* (Castilho, *O presbitério da montanha,* p. 116, citado pelo *Aurélio*).

É óbvio, portanto, que o redator quis escrever "nada de mais", para significar nada de anormal, nada capaz de causar estranheza ("nada" aí é pronome substantivo). Como estava repetindo expressão do Lula, que teria dito "não ver nada de mais" na generosa doação da Odebrecht à campanha petista, será bem difícil saber se o candidato disse "demais" ou "de mais".

Nesse caso da pequena e desprezível confusão, nada de preocupações, porque essa, apesar da insignificância, é uma das questões enjoadas da língua. Nesse caso, como em algumas discutíveis decisões do Congresso, do Executivo e da Justiça, as confusões podem ocorrer sem grandes danos para o entendimento do texto e o curso da vida.

Quando houver dúvida sobre o uso de "demais" e "de mais", substitui-se uma e outra dessas formas por seus equivalentes ou seus opostos. No lugar de "demais" — muito, excessivamente, demasiadamente, em excesso. Ou pouco. Se "de mais" — fora da conta, a mais, de menos farão sentido.

O papo já foi longe "demais", porque não há nada "de mais" nele.

Mamprin e os clichês

LUIGI MAMPRIN, italiano de nascimento, grande fotógrafo e cultor de línguas — pelo menos italiano, português, francês, latim e servo-croata —, já morto, costumava alinhar os cabeludos lugares-comuns e tolices que lhe estragavam o prazer da leitura de jornais e revistas e de ver e ouvir noticiários de TV e de rádio: contorcer-se em dores; chorar copiosamente; farta munição; pontualidade britânica; pompa e circunstância; espetáculo de luzes e cores; corações e mentes; totalmente ou inteiramente nu; parado no tempo e no espaço; vítima fatal; pesado caminhão; viatura policial; várias passagens pela polícia; na contramão da história; correr atrás do prejuízo (futebol); precioso líquido; no cardápio a escolha dos nomes do ministério ou o loteamento do ministério; ou o apoio (sempre) do pemedebê; ou o desemprego ou a reengenharia (parece ter sumido); a globalização e por aí vai.

Apesar disso, embora considerando-se *vítima quase fatal* do vício de ler jornais, Mamprin continuava a lê-los, ainda que às vezes "contorcendo-se em dores" e "chorando copiosamente" por causa da enxurrada de clichês linguísticos.

Grande figura.

ETA ANO BOM!

O TÍTULO de capa da revista *Veja* de uma semana de Natal foi o seguinte: "Êta Ano Bom." Para ser coerentemente otimista também na simpática forma popular, deveria ter sido "Êta Ano Bão", porque a interjeição "êta", com circunflexo, combina-se às maravilhas com "bão". Ou por que não "Êta Âno Bôm"?

Eta-ferro! E faltou o óbvio e essencial ponto de exclamação, que a maioria dos jornalistas acha execrável. A menos que a intenção dos autores do título fosse irônica, porque para alguns não foi tão bom. Alguns, aliás, não poderiam dizer nada. A menos que estivessem no Céu e consintam em dizer: "Eta lugar gostosinho!"

O que importa de fato é a maioria, e nisso *Veja* está certa. O ano foi mesmo bom; ótimo até para os mesmos. Na verdade um ano que serve de catapulta esperançosa para um período de aparente prosperidade, coisa indiscutivelmente boa. Só que a moçada de *Veja* se descontraiu com os eflúvios natalinos, esqueceu de duvidar e botou um acento popular no popular "eta" da capa. Teriam tentado evitar que os leitores confundissem a interjeição "eta", que exprime alegria, incitamento, surpresa, espanto, com seu “e” fechado, mas sem acento, com o nome da sétima letra do alafabeto grego, “eta”, com seu “e” aberto, também sem acento”? Mas não há tantos gregos assim por aqui, e pelo que se sabe *Veja* vende pouco na Grécia. Infelizmente.

Por que não *Vêja*? Por que não “mêta” (de meter), “pêta” (mentira), “têta”, “xêta” (provocação amorosa, gesto de beijo de longe)? Por que não “jaquêta”, “malêta”, “mulêta”, “mutrêta” e todas as outras palavras terminadas em “eta” com “e” fechado e penúltima sílaba tônica? Nenhuma delas é acentuada. Por quê? Porque não é preciso. Porque são acentuados os oxítonos, isto é, os vocábulos que têm acento tônico na última sílaba, terminados em “a” (e também em “e” e “o”). Portanto acentua-se tafetá, paquetá, jacá, má, café, pé, filó, bocó, pó, e não “eta” e palavras similares com acento tônico na penúltima sílaba. E o último Acordo Ortográfico não mudou nada disso.

O “êta” de *Veja* foi distração, claro. Como sempre, coisa de computador rebelde ou anterior a 1971. Ou da confiança em dicionários distraídos, porque alguns acentuavam *eta* indevidamente. Coisas da vida. Não há computador que trabalhe com a língua e não pise no tomate às vezes.

Todos sabemos que essa palavrinha raramente escrita com seriedade carregou acento até 1971. Era uma das brindadas com o acento circunflexo diferencial, como todas as que tinham “e” ou “o” fechado, para não se confundir com as homógrafas (palavras com a mesma grafia) que os têm abertos: acêrto/acerto, aquêle/aquele, côr/cor, êle/ele, êste/este, êta/eta e assim por diante.

Esse acento faleceu com o decreto 5.765, de 18/12/1971, quando era ministro da Educação do governo Médici o então coronel Jarbas Passarinho. Teriam deixado imperecíveis saudades? O acento diferencial não deixou. Por fim, o Acordo Ortográfico eliminou os acentos diferenciais remanescentes e deixou apenas três palavras acentuadas: pôde, pôr e, em caso de dubiedade, fôrma.

Eita ano bom!

Culpa da Hebe

A REVISTA *VEJA* publicou há algum tempo entrevista com a animadora dona Hebe Camargo nas Páginas Amarelas. Em certo momento, disse o repórter a essa senhora:

> *Já existe uma pena de morte informal no país. A polícia mata muitos bandidos, comprovados ou meramente suspeitos, antes de trancafiá-los na cadeia.*

Maravilha. Os computadores às vezes cometem desatinos, como se dizia antigamente. Convém repetir a frase do repórter, sem a oração intercalada, para que tudo fique mais claro:

> *A polícia mata muitos bandidos [...] antes de trancafiá-los na cadeia.*

Não é mesmo um colosso essa conversa? Mata e depois prende? Talvez não seja o caso de prendê-los depois de mortos.

Há casos em que a polícia foi acusada de providenciar o óbito (como dizem os médicos) de bandidos e suspeitos e deixá-los jogados pelos caminhos da vida. E houve casos em que trancafiou — belíssimo verbo — criaturas antes de despachá-las, às vezes em grande quantidade, como já ocorreu, quando apresuntaram 111 na Casa de Detenção de São Paulo, no governo do marechal Fleury. Essa no entanto é a primeira vez que a polícia inverte a ordem das coisas. Mata e prende.

Ainda bem que o repórter não perguntou a dona Hebe, declarada malufista, o que achava do conselho de Salim Maluf aos tarados da pátria amada: "Se tiver vontade, estupra, mas não mata."

Claro, matar é muito feio.

A INVASÃO DAS MULHERES

HOUVE TEMPO em que a maioria das mulheres era encarada como enfeite, objeto de prazer e matriz. Isso acabou faz tempo. Talvez não de todo, convém admitir, e é bom que um ou outro desses aspectos se mantenha para dar cor e sentido à vida. O fato é que elas passaram a ter acesso a alguns cargos que não reivindicavam ou para os quais não as julgavam capazes. Coisa feia. Começaram então a conquistá-los com competência e algum encanto, privilégio de quem pode. Daí certa resistência de autoridades, autores e gramáticos a flexionar os nomes dos cargos exercidos por elas.

Se as mulheres já eram princesas, rainhas, imperatrizes, ainda que por direito divino, por que não senadoras, deputadas, vereadoras, prefeitas, ministras, embaixadoras, consulesas, juízas, delegadas e o que mais ocorrer? Acabaram-se as dúvidas e resistências. Como escreveu sem intenção de fazer humor um grande filólogo a propósito de outro assunto, essa agora "é a opinião da flor dos gramáticos lusitanos e brasileiros".

A flor se despetala, no entanto, em relação a "presidente". Muitos consideram correto "a presidente" por causa da uniformidade dos adjetivos terminados em "nte", no latim "*ns*", como amante, ausente, demente, estudante, ouvinte, prudente, vidente e outras. Por isso Machado de Assis (1839-1908) escreveu em *Quincas Borba*:

> *À mesa fê-lo sentar ao pé de si, tendo do outro lado a presidente da comissão.*

Mas Antônio Feliciano de Castilho (1800-1875) escreveu em *Sabichonas*:

> *À nossa presidenta, e às minhas sócias, peço se dignem perdoar-me o intempestivo excesso.*

Apesar da boa razão etimológica, a devastadora pressão feminista já conseguiu estratificar "presidenta", e muitos especialistas já a consideram a forma preferível. Por isso o *Aurélio* e o *Houaiss* a registram. Em relação aos outros cargos, a forma feminina também é aceita sem discussões.

Não foi por resistência, portanto, que uma repórter escreveu por engano "cônsul brasileira" (obviamente engano do computador). É "consulesa", claro.

Sobre o sentido de "embaixatriz" e "embaixadora" já houve alguma discussão entre os sábios. *Caldas Aulete* e outros dicionários registram "embaixatriz" como a mulher que desempenha funções iguais ou semelhantes às de embaixador e também mulher de embaixador. E "embaixadora" como mulher encarregada de missão particular e forma feminina popular de embaixador. O *Aurélio*, o *Houaiss* e o *Melhoramentos* registram as mesmas acepções, mas consideram, com a maioria dos especialistas modernos, que "embaixadora" é representante diplomática e que "embaixatriz" se tornou a mulher do embaixador, felizes ambos desde que ele não esteja acreditado, como dizem, em Gaza, no Iraque ou na Coreia do Norte.

Já que estamos na diplomacia, é bom lembrar que "embaixador" (do italiano *ambasciatore*) é a categoria mais alta de representante diplomático de um Estado junto a outro Estado ou a um organismo internacional. E também o título de ministro de primeira classe. Quanto a cônsul (do latim *consul, consulis*, antigo magistrado romano), é o funcionário diplomático encarregado de proteger os cidadãos de uma nação em país estrangeiro.

Embora os dicionários nem sempre registrem a forma feminina, é óbvio, convém repetir, que ela corresponde às mesmas funções exercidas por mulheres. Porque elas já substituem bem os homens em tudo, não raro com vantagem. Se não em tudo, em quase tudo. Às vezes, lamentavelmente, em concorrência desleal até nas coisas do amor. Isso não fica bem.

P.S.: Não fosse por teimosia de alguns, toda essa conversa seria vã, porque a lei federal nº 2.749, de 2/4/1956, determina que se dê forma feminina às palavras designativas de cargos ocupados por mulheres. Mas já se sabe que há leis que pegam e leis que não pegam. É só olhar ao redor.

Gil Vicente e sua senhora

CONTA-SE QUE A MULHER do dramaturgo português Gil Vicente (1465-1536), um dos pais da língua, gostava muito de ir à padaria. (Para crer na história é preciso crer também que os portugueses inventaram a tradicional padaria; há quem duvide.) Pois Maria saiu num domingo à tarde para ir à padaria do Ricardo a poucas quadras de casa. Compraria pão e frios para o lanche da tarde. No entanto, tardou acolá mais de uma hora, como sempre fazia; às vezes até por mais tempo. E o Gil Vicente, lá, batucando no computador a *Farsa do juiz da Beira*. De repente se ligou. Não era a primeira vez que Maria saía à chucha caladinha (de fininho). Mais que desconfiado de alguma tratantada da mulher, partiu para Madri e deixou-lhe um bilhete, que já brotou em redondilhas maiores, como a da obra que estava a compor. Pode-se imaginar assim esse bilhete:

Mi mui fremosa Meria,
se levas mais de uma hora
para ir aa paderia,
acho que devo ir-me embora.

Se não te dou o que queres,
e o buscas na paderia,
não penses que tu me feres,
fica aa vontade, ó M'ria.

Claro que as trovas são criadas por este escriba, assim como a história, mas a imaginária desdita de Gil Vicente com sua senhora vem a calhar para resolver a dúvida de muita gente. Se as tivesse escrito, ele usaria "aa vontade" como era moda na época. Agora, é "à vontade". "À vontade" e locuções semelhantes têm acento? Sim. A locução adverbial "à vontade" leva o acento grave. Assim como "às claras", "às tontas", "às escuras", "às vezes" "à uma hora", "à risca", "à tripa forra", à choldraboldra" e muitas outras.

Gil Vicente não a teria usado, porque naquele tempo não ficava bem indicar uma cópula gramatical: a do "a" com o "a". Ele e seus coevos, como se chamavam os contemporâneos da época, juntavam os dois "as", um ao lado do outro. Portanto, a menos que se queira tomar a liberdade — não a de Maria, a vil, mas a que teria tomado Gil — de escrever "aa vontade", é melhor usar o acento. Depois da invenção desse acento indicador da crase, da fusão, da cópula abençoada da preposição "a" com o artigo "a", tudo ficou mais fácil.

Até ir à "paderia" à vontade, à larga, à margalhota, à mossa, à muita, à oculta, à portuguesa, à precaução, à procura de, à pura fome, à quieta, à rangalheira, à rébria, à reçaluta, à refalsa, à socapa, à sôfrega, à solapa, à sorrelfa, à sucapa, à surdina, à surrelfa, à toa, à toinha, à traição, à tuna, à ula-ula, à vontade a gosto, à vontadinha, à vontadíssima. E por aí vai.

É preciso lembrar, no entanto, que nem sempre o acento grave indica a fusão de dois "as". No caso de algumas expressões formadas com palavras femininas, ele serve apenas como sinal de clareza ou para atender às tendências históricas da língua. É o que lembrava o filólogo Said Ali. Por exemplo: à força, à maneira de, à medida que, à proporção que, à toa etc. Em caso de dúvida, o dicionário esclarece quando se procura nele a palavra fundamental da locução. "À vontade"? Procura-se "vontade".

Claro que não se acentua o "a" de locuções formadas com palavras masculinas. ("A Justiça não pune colarinho-branco nem *a cacete*.") Nem se a palavra, ainda que delicadamente feminina, estiver no plural e o "a", no singular, como em "a expensas de" ou "a súbitas". Não se acentua também o "a" de locuções formadas por substantivos iguais: "de parte a parte", "face a face", "frente a frente" e todas as outras que Gil Vicente, Camões e Antônio Houaiss já usaram tão bem.

Na locução "a distância", acentua-se o "a" apenas quando a palavra "distância" é definida, determinada, seguida de uma expressão restritiva. Em caso contrário, nada de acento.

Com determinação da distância:

> *Vi o candidato repelente à distância de cinco metros.*
>
> *Eles estavam à distância de uma boa e rendosa privatização.*

Sem determinação da distância:

> *Vi o candidato suarento a curta distância e senti arrepios.*
>
> *O presidente ignorou o aviso para ficar a distância dos corruptos mais desavergonhados.*
>
> *Nota-se a distância que a Justiça tarda, mas falha.*

Alguns sábios, no entanto, para simplificar as coisas, consideram que o "a" de "a distância" deve ser acentuado sempre, haja ou não determinação da distância. Um desgosto para os mais cuidadosos. Convém ficar a distância, assistindo aos arrufos deles, como o Gil Vicente assistia a tudo filosoficamente, deixando sua dadivosa senhora à vontadinha.

EUA NA DANÇA

ESTADOS UNIDOS progrediu muito ou Estados Unidos progrediram muito? Os jornais costumam fazer a concordância de "EUA", sem artigo, com o verbo no plural contrariando o uso mais frequente, de acordo com a língua oficial, também conhecida como norma culta.

EUA decidem limpar o Iraque,
EUA buscam armas sujas...

Dizem os sábios que, quando o sujeito é formado por nomes próprios de lugar que só têm forma plural, duas construções são possíveis:

— se os nomes forem precedidos de artigo, o verbo concordará com o artigo. "Os Estados Unidos vão bem."

— se os nomes não forem precedidos de artigo, o verbo ficará no singular. "Alagoas continua a mesma."

O nome "Estados Unidos" tem forma e valor plural. Por isso, se houver, haverá raros livros que exemplifiquem "EUA progrediu muito", "As Alagoas produziram ótimos políticos ultimamente", "As Minas Gerais são o estado de Itamar", "Os Buenos Aires são uma cidade cheia de argentinos", "Amazonas inundam a floresta com suas águas indomáveis." Por que será? Porque são formas que não se usam nem a cacetadas.

Na verdade os jornais costumam omitir o artigo em títulos para economizar espaço. Já faz parte do que se poderia chamar de cultura jornalística. O jornalês de todo dia. O título tem de ser claro, abrangente, telegráfico, se possível atraente, sensual, curto e grosso. No caso de EUA com ou sem artigo, significa três valiosos espaços a mais ou a menos. Um drama ao cair da noite.

O fato é que só se deveria usar "Estados Unidos" com artigo, que comanda a concordância verbal. "Os EUA invadem, dominam, trituram, coisa e tal."

Ao mesmo tempo não há dúvida de que certas construções soam mal, embora gramaticalmente corretas. No caso mais comum, dos EUA, quem quiser defender o jornalês dirá que o artigo está oculto, subentendido. De forma que na concordância mais natural os EUA são tratados sempre como ente plural, com ou sem artigo explícito. E as Minas Gerais, os Buenos Aires e as profícuas Alagoas são tratadas sempre como entidades singulares, jamais com artigo.

Ora, direis, essa é uma explicação escorregadia. Menos, no entanto, que a do governo, qualquer governo, que apregoa a necessidade de aumentar o bolo para depois dividi-lo. Menos, também, do que a chuva de regalias que nossos amáveis políticos votam para eles mesmos com grande alegria, vivam eles!, que muito merecem. Mas não parece haver outra explicação para o fenômeno relacionado com o nome da Grande República do Norte, como a chama, ou chamava, um jornalão desta praça.

Lá é "*United States is...*", no singular, e não se fala mais nisso. Bem verdade que usam "*America is*". Aqui, no entanto, a linguagem oficial é clara: deve-se escrever que "Os Estados Unidos fazem e acontecem".

Há quem condene o uso de "Estados Unidos" sem artigo, e a construção de fato soa estranha. Mas alguns autores concordam com a solução dada sabiamente por *Veja* um dia destes: "EUA quer frutas brasileiras." Agiu de acordo com o uso indiscutível.

Com boa vontade e o perdão dos especialistas menos sensíveis, talvez seja possível considerar, no caso de "Estados Unidos fazem isso e aquilo", a ocorrência do fenômeno da elipse do artigo. Elipse, sabemos todos, consiste na supressão de termos facilmente subentendíveis.

Chiarão alguns sábios, mas, quando se publicarem coisas como "EUA decidem invadir..." — sem artigo e verbo no plural —, os culpados poderão apontar em coro a elipse do artigo ou a licença jornalística. Jamais insapiência, também conhecida como ignorância. No máximo, distração. Peçam ao Umberto Eco que faça um título brilhante de vinte ou trinta pancadas em dez minutos. Caca quase certa. Também não vale pedir que um jornalista escreva um livro como os dele em vinte ou trinta anos. Caca na certa.

Sopapos linguísticos

O FILÓLOGO português António Cândido de Figueiredo (1846-1925) e o escritor e também filólogo brasileiro Heráclito Graça (1837-1914) quase trocaram sopapos por causa da grafia de uma palavra: percentagem ou porcentagem? O luso defendia percentagem, o brasileiro, porcentagem. "Homessa!", exclamava um. "Co'os diabos!", obtemperava outro. (Eles usavam expressões como essas e palavras como "obtemperar".)

Não se polemiza mais por essas coisas, como duelaram o jurista e senador Rui Barbosa (1849-1929) e o filólogo Ernesto Carneiro Ribeiro (1839-1920) na maior de todas as batalhas por "nosso formoso idioma pátrio", como escreviam então, em torno do Projeto do Código Civil Brasileiro. Carneiro Ribeiro reviu o texto; Rui Barbosa o corrigiu; Carneiro Ribeiro estrilou e corrigiu as correções; Rui Barbosa então publicou poucos meses depois as quase novecentas páginas da demolidora *Réplica*. Tudo isso de 31/1/1902 a 31/12/1902. Em 1905, Carneiro Ribeiro volta à batalha com sua monumental *Tréplica*, de mil páginas. Nessa polêmica discutiram-se quase todas as questões da língua.

Rui revelou-se brilhante, mas Carneiro, que havia sido professor dele e de Castro Alves, sustentou melhor seus pontos de vista, apesar do estilo pesado como a alma de nossos políticos.

Perto dessa, a polêmica entre Figueiredo e Graça em torno de porcentagem/percentagem foi uma rusgueta chinfrim.

Por que alguns jornais e revistas preferem "porcentagem", embora vários dicionários registrem "percentagem"?

Eles também registram porcentagem. A expressão latina *per centum* está na raiz de "percentagem". Era o que argumentava de pés juntos Figueiredo, e portanto, dizia ele, não me venhas de borzeguins ao leito. Alguns sábios também preferem essa forma, pela mesma razão latina. Heráclito Graça dizia que a preposição latina *per* tomou a forma de *por* em nossa língua querida e malfalada, e que ninguém diria "per cento". Então, perguntava ele já nervoso, por que dizer "percentagem"? "É porcentagem e acabou-se tudo."

Figueiredo sorria e redarguia:

"Então por que não rediges nem locutas 'porfilhar', 'porante' e 'pormeio', em vez de perfilhar, perante e permeio, ó pá?"

E ficaram nessa lenga-lenga. O fato é que nossas autoridades jamais pedem: "Quero meus vinte *per* cento!"

Há quem diga que a analogia com "por cento" é pouca razão para justificar a forma porcentagem. Talvez seja. No inglês se escreve *percentage*, mas também *per cent*, porque os ingleses absorveram muita coisa do latim com caroço e tudo e mantiveram a forma original. O francês escreve *percentage* e também *pourcentage*; o italiano, *percentuale*; o espanhol, *porcentaje*.

Mais tarde, Manuel Ida Said Ali (1861-1953), grande autoridade filológica, defendeu muito bem sua preferência por "porcentagem", com base na analogia e na história, no que foi seguido por vários outros especialistas, e essa forma passou a firmar-se, como previu o filólogo Júlio Nogueira, embora preferindo percentagem.

Discussão tão proveitosa para o mundo murchou a partir de 1943, quando o *Vocabulário ortográfico da língua portuguesa*, da Academia Brasileira de Letras, oficializou as duas formas, registrando percentagem, percentagista, percentil, percentilagem e percentual. E também porcentagem, porcentual e o substantivo porcento. A edição de 2009 do *Volp* mantém essas formas. O *Aurélio*, o *Houaiss* e o *Michaelis* ignoram porcento, mas o *Aulete* o anota como termo de pescadores, com o significado de importância recebida proporcional à venda; taxa ou quantidade que determina essa importância. Claro que porcento não se confunde com a locução "por cento", geradora de porcentagem, palavra antiga: Machado de Assis a usou várias vezes. O *Aurélio* e o *Houaiss*, aliás, registram porcentagem como proveniente da locução "por cento + agem", e percentagem, obviamente, do latim *per centum*. Valem ambas, portanto.

O *Manual da Redação da Folha* contém o verbete "porcentagem", mas nele registra "percentual", trombando com o indiscutível "por cento". O do *Estadão* determina o uso de porcentagem e porcentual. E não se fala mais nisso, porque porcentagem chegou na frente empurrada pela analogia.

Emílio e sua caranguejola

Emílio é um jornalista quase perfeito. Ótimo repórter, ótimo redator, ótimo editor, ótimo diagramador. Só não é perfeito, dizem alguns, por ser doentiamente discreto. Não se empomba nem se empluma, não tenta tirar vantagem de sua profissão, jamais se autopromove e não diz mais do que o necessário. Mesmo assim, *sotto voce*, sussurrantemente. Deram-lhe na juventude o apelido de Emílio por semelhança com o personagem de Rousseau, *Emílio* ou *Da Educação*, naturalmente bom, puro, ingênuo. Sabe inglês, francês, espanhol, italiano e um pouco de alemão. Não fuma, não bebe, não... Não faz nada de errado. Pôs-se a aprender alemão, já maduro, e perguntaram-lhe: "Para quê, bom Emílio?" Ele sorriu e respondeu por trás dos óculos, sem jactância: "Para reler no original Schiller, Engels, Marx, Freud, Benjamin, Thomas Mann, Elias Canetti, Heinrich Böll, Peter Handke."

Com tantas línguas lhe dançando no cérebro, num dia destes teve uma dúvida sobre português, ao esculpir uma legenda na editora em que trabalha: "As sementes são secas ou são secadas?" A dúvida não durou mais de 37 segundos. É assim com todas as dúvidas que tem — e se orgulha de tê-las, porque continua pensando, ele diz. Imediatamente evocou na mente as 12 gramáticas que leu e gravou para sempre e desarquivou a lembrança sobre verbos com particípio duplo, os abundantes.

Tais verbos têm um particípio regular, terminado em "ado" ou "ido", e um irregular, mais curto, de terminação variável. Por exemplo: secar, secado, seco; acender, acendido, aceso. E assim por diante. Além disso, os particípios variam em gênero e número com os verbos ser e estar e permanecem invariáveis com ter e haver. Em geral se usa o particípio regular com os verbos ter e haver, isto é, na voz ativa; e o particípio irregular, com ser e estar, isto é, na voz passiva.

De tudo isso se lembrou nos 37 segundos do primeiro tempo. Portanto, as sementes são secas, as sementes foram secas, estavam secas; as sementes haviam secado, tinham secado.

Há várias exceções a essa regra, como as dos verbos ganhar, gastar e pagar — ganhado, gastado e pagado foram para o espaço, substituídos por ganho, gasto e pago. "Emílio tem ganho muito, o carro dele está gasto, mas também está pago." Defendido atropelou defeso, que só se usa rebuscadamente no sentido de proibir: "Fumar em restaurantes agora é defeso." Eleito também se usa com os verbos ter e haver. "O PT tem eleito (ou elegido) muita gente fina nos últimos tempos." Enchido também se usa com ser. "A taça da amargura foi enchida." Escrevido e fazido foram para o beleléu, substituídos por escrito e feito; não se usa mais abrido e sim aberto com qualquer verbo auxiliar. E cozido, de cozer, sufocou coito, o particípio irregular, que serve para designar coisas mais agradáveis.

Tudo isso e muitas outras exceções Emílio relembrou antes de perpetuar a legenda sementeira e ir para casa em sua caranguejola. Caranguejola é o apelido que deram a outro defeito do Emílio (sim, ele tem mais um): o Fusca 1966 com que se lesmeia de casa para o jornal e vice-versa, vencendo em cada viagem 25 quilômetros. Não se sabe até hoje se o "carro" é do Emílio ou se o Emílio é do "carro". O pai o comprou zero quilômetro, usou-o alguns anos e o passou ao filho, que o mantém com amor, levando-o a oficinas retificadoras de motor de cinco em cinco anos. Retificadoras, melhor do que retíficas, como as chamam os mecânicos e mal registram o *Aurélio* e o *Houaiss*, lembra Emílio a respeito dessas oficinas que ressuscitam motores semimortos, como o 1.200 do "carro" dele. Pela mesma razão, é melhor não dizer "revendas", à moda de mecânicos e de jornalistas especializados, e sim "revendedoras", lembra Emílio, cioso da língua, que trata com tanto carinho quanto o "carro".

Por que caranguejola? Caranguejola é um grande crustáceo parecido com caranguejo e também gíria para carro desconjuntado. O fato é que a caranguejola emilial geme e estrebucha até o limite máximo de 53 quilômetros por hora, enquanto ele medita sobre seu livro em preparo, *Os tutores da democracia*. Nele analisa a benéfica influência da classe dirigente no governo, em qualquer governo, de 1500 até os felizes dias atuais. Enquanto embarca na "joia", alguém lhe diz que vai demorar para chegar.

"Não tenho pressa", ele responde, antes de sair disparando na caranguejola. Poc, poc, poc, poc, poc.

Mulher macha

Células machas? "Machas são apenas os gays ou as sapatas", disseram os críticos do ensaísta que escreveu "células machas" em seu trabalho de sociologia. O certo, disseram alguns, é "células-macho".

Seus críticos são muito machos, pelo jeito, mas macho e fêmeo são adjetivos que concordam, sim, com o substantivo a que se referem. Normalmente macho e fêmeo são usados para indicar o sexo dos seres nominados pelos substantivos epicenos, belíssimo nome.

Epicenos são nomes que indicam com uma só forma ambos os gêneros. Então, baleia macha, cobra macha, flores machas, palmeira macha, pulga macha, sardinha macha, zebra macha. Ou baleia fêmea, zebra fêmea e assim por diante. Todos esses nomes pertencem ao gênero gramatical feminino, como percebe até um pai da pátria discursador, portanto são precedidos pelo artigo "a".

E os epicenos do gênero gramatical masculino — tubarão, jacaré, pernilongo, sapo — são precedidos pelo artigo "o", claro, e também recebem a ajuda dos adjetivos macho e fêmeo quando necessário: jacaré fêmeo, pernilongo fêmeo, sapo fêmeo, tubarão fêmeo.

Ou macho, se for um rapazote.

Portanto, célula macha, embora, como sabemos todos, seja possível utilizar os adjetivos masculino e feminino, mais suaves: célula masculina, gestos femininos, mulher masculina, homem feminino, gemidos femininos.

Se alguém, impolido, fosse classificar o gay com um daqueles adjetivos mais fortes, sugeridos pelos críticos do ensaísta, diria homem fêmeo. A dama correspondente, que anda pela vida pisando forte, seria deselegantemente classificada de mulher macha. Daí se conclui haver um engano nos versos do baião cantado por Luiz Gonzaga:

Paraíba masculina,
mulher macho, sim, sinhô!

Terá sido escorregão do computador do Humberto Teixeira, se é que foi ele o letrista. A Paraíba é masculina mulher macha, sim, sinhô!

A AMEAÇA DO DRÁCULA

NUMA NOTA, o jornal publicou que "a polícia de Nova York deteu ontem o ator Johnny Depp...". "Deteu". Claro: comeu, deu, leu, meteu, deteu.

Houve aí o fenômeno da regularização do verbo, coisa que crianças costumam fazer. Luisinho escreveu, Luisinho "deteu".

Entre adultos mais ou menos escolarizados, "deteu" é o resultado de uma espantosa conjugação verbal: "eu deti, tu deteste, ele deteu, nós detemos, vós detestes, eles deteram." Esse curioso pretérito perfeito do indicativo de deter era usado no século XV pelos habitantes de Brasov, nos Alpes da Transilvânia, situados na atual Romênia. Não muito longe, reinava Vlad IV, o Empalador, príncipe da Valáquia, também conhecido como conde Drácula. Intransigente defensor da língua, mandava empalar o pessoal da *Folha da Transilvânia* que conjugasse verbos errado. Há quem diga que esse castigo era severo demais.

Aplicava o mesmo castigo aos representantes do povo que vadiassem, propusessem o aumento do próprio salário e mais o 15º salário. E também a quem pleiteasse horário eleitoral compulsório no rádio e na TV. Há quem diga que esse castigo era bem merecido.

Mas não havia castigo para quem escrevesse "deteu", forma correta nas escarpas morcegosas da Transilvânia. Só que bem antes disso, na ibérica Lusitânia, o verbo latino *detinere* (*detinuit* na terceira pessoa do singular do pretérito perfeito do indicativo) havia gerado em português o simples "deteve": detive, detiveste, deteve, detivemos, detivestes, detiveram.

Seria o computador responsável pelo transilvânico "deteu", um filhote espúrio do sanguinário Drácula, o Empalador, infiltrado entre nós? Estaria o conde chegando? Que tal soltá-lo na praça dos Três Poderes em Brasília com suas lanças empalatórias vingadoras? Negocistas, picaretas, achacadores engravatados, enganadores contumazes do povo, esbulhadores dos cofres públicos, quer dizer, do nosso bolso — todos receberiam o castigo adequado.

Belo sonho! Grandes esperanças!

A IMAGEM ERRADA

NO NOTICIÁRIO DE TV, o repórter disse de uma mulher que soube estar infectada pela Aids:

Hoje a vida desta mulher deu uma volta de 360 graus.

É claro que o repórter quis dizer que a vida da mulher tomou rumo inverso ao que parecia seguir, se isso fosse possível; que havia mudado por completo: ia numa direção e virou para outra, talvez oposta. Se não fosse por razão diferente, apenas porque a morte costuma ser apontada como o oposto da vida, embora dela seja uma etapa, um passo a mais, o último, diria um filósofo de quintal. Não faz mal.

O repórter deveria ter dito, portanto, que a vida da mulher dera uma volta de 180 graus, porque 360 graus significam o retorno ao mesmo ponto. Acabou dizendo, portanto, que a vida da mulher nada mudou, porque o tricentésimo sexagésimo grau se junta ao grau zero, de onde o ponto saiu para sua monótona viagem na circunferência, que se compõe de 360 graus, como nos lembramos todos. Cortada ao meio como uma laranjota, achamse 180 graus — o centésimo octogésimo, no ponto oposto ao grau zero. Como talvez tenhamos demonstrado.

NHEM-NHEM-NHEM NA CASA DA MÃE JOANA

QUANDO PRESIDENTE, Fernandenrique pôs em evidência várias expressões curiosas, modificando uma ou outra. Nhem-nhem-nhem foi uma delas, a propósito de críticas feitas a algumas das magníficas privatizações, que ajudaram a melhorar a vida de todos. Ou de quase todos. O nhem-nhem-nhem do desabafo de Fernandenrique é substantivo masculino e significa resmungo, falatório interminável. Do tupi *nheë nheë ñeñë*, "falar, falar, falar", de pronúncia semelhante à do nhem-nhem-nhem presidencial.

Outra expressão, "casa da mãe joana" (agora sem hífen), com que classificou o Estado brasileiro, mascara a verdadeira, chula, registrada nos dicionários: "cu de mãe joana" (agora sem hífen), mais utilizada no Nordeste com sua elevada carga poética. Significa coisa em que todos se intrometem, sobre a qual toda gente dá opinião, negócio em que todo o mundo mete a sua colherada, como bem definiu o *Aurélio* e muito bem a usou o então presidente, ainda que suavizada, como sempre foi do feitio dele em oito anos de glórias.

Coisa fofa

Num texto alegre e descontraído de revista, intitulado "Dicas certeiras para viagem", brilhavam alguns trechos:

> *Agora, meu bem, tem agência de viagens para gays e lésbicas. Tá?*

É claro que o(a) redator(a) se soltou, caprichou no informal e usou o coloquialíssimo "tem", muito corrente na linguagem oral no lugar de "haver" e "existir". Considerando a natureza do texto, o "haver", preferível pela norma culta, talvez despontasse aí como preciosismo. "Agora, meu bem, há agência de viagens..." Sem contar o penoso encontro vocálico de "há agências...". O(A) redator(a) tiraria a casaca do texto corrigido, mantendo a ternura, com o indefinido "um" depois de haver: "Agora, meu bem, há uma agência..." Não ficaria mal, e a frase continuaria coloridinha. A não ser que o(a) redator(a) tenha rimado de propósito "bem" com "tem" para obter efeito que julgou poético. Pode-se dizer que não foi feliz.

Mais à frente a coisa fica feia.

> *Escolha o roteiro e os fofos lhe preparam para a viagem com uma pasta cheia de dicas essenciais (tipo que remédio levar), pra não falar de hotéis e lugares gay friendly.*

A maioria dos escribas acha dispensável a vírgula antes da conjunção aditiva "e" — antes chamada com toda a inocência de "copulativa". Distração desses escribas. Quando promove a cópula de orações com sujeitos e verbos diferentes, o "e" deve vir precedido da higiênica virguleta, e assim as ideias fluem com graça e clareza.

Todo esse papo virgulal por causa do roteiro que os fofos da agência preparam por encomenda. É só reler a frase: "Escolha o roteiro e os fofos lhe preparam..."

À primeira leitura, tem-se a impressão de que as pessoas devem escolher o roteiro e os fofos. Isto é, que os fofos estão incluídos no pacote. Como há duas orações ("Escolha o roteiro") e ("os fofos lhe preparam para a viagem..."), a vírgula é essencial para a clareza da leitura e para que os fofos não se ponham à venda com o roteiro. O que talvez não fosse má ideia, consideradas as alegres circunstâncias.

> *Escolham o roteiro* (vírgula) *e os fofos fazem e acontecem.*

Ou, pensando no PT e no poder, em paráfrase da máxima de Giuseppe de Lampedusa, em *Il gattopardo* (*O leopardo*):

> *Deixemos tudo como está, e tudo mudará maravilhosamente num piscar d'olhos.*

Menos mal a falta da vírgula, pecado pequeno que muita gente ignora ou desconsidera (os jornalistas em geral desconsideram).

Bravo mesmo é o pronome "lhe" de "... os fofos lhe preparam para a viagem...". "Os fofos lhe preparam para...?" Cacilda! Costuma-se preparar "algo" ou "alguma coisa para alguém": os fofos "o" preparam para, "a" preparam para...

O verbo preparar, como outros, exige dois complementos, ambicioso que é. Trata-se de um verbo transitivo direto e indireto. Para ficar saciado, exige objeto direto e objeto indireto. Como dar. Dá-se algo a ou para alguém. O jeito como o(a) redator(a) usou o preparar é equivalente a algo como "os fofos lhe deram para você". Não fica bem. Ou os fofos deram algo a alguém ou lhe deram algo. No caso de preparar, também é possível preparar-se para alguma coisa.

Parece óbvio, no entanto, que o(a) redator(a) teve uma dificuldade adicional com "preparar". Não se sentiu à vontade para dizer que os fofos "o preparam" nem "a preparam", talvez porque o público a que se dirigia não é dos mais definidos. Ele? Ela? E as nuanças? (Que nos perdoem o galicismo.)

Poderia ter utilizado o assexuado e simpático "você", que serve indefinidamente para os rapazes e para as moças de todos os matizes: "...os fofos preparam você para a viagem...". Pronto. Uma solução fofa e sem mágoas pra lá ou pra cá.

Há mais. Os fofos dão dicas "(tipo que remédios levar)". Por que "tipo"? "Eu encontro você tipo 8 horas", "Eu viajo tipo sábado". É provável adaptação ou tradução do americano e fofíssimo "*kind of*". Esse tal de "tipo" andou muito em voga, mas parece que deu uma trégua.

Por que não pegam o gracioso "tipo" e não o jogam no lixo? Não fará falta, e os fofos ficarão felizes.

Quem faz o quê?

Um jornal publicou a enigmática legenda "José Passolongo, que faz diálise há nove anos", sob a foto do sr. Passolongo, claro. Na mesma época, saiu numa publicação de lembranças históricas o seguinte período sobre o ex-governador já falecido, Chagas Freitas, do Rio de Janeiro:

> *Ele fez 21 cirurgias durante a vida, para tentar corrigir um defeito congênito.*

Nos dois textos, os redatores fazem com o verbo "fazer" o que os governantes e políticos brasileiros têm feito com o povo. É isso mesmo. O verbo "fazer" é pau pra toda obra, já se sabe; era chamado antigamente de vicário (vigário, substituto), que faz e desfaz no lugar de outros verbos; costuma substituí-los para evitar repetições. Pode ser bem usado, sem abuso, mas também estuprado, como nesses dois casos.

A pessoa citada "faz" diálises há nove anos. Faz? Funciona como agente? Opera o equipamento substituto dos rins naturais como médico ou técnico? Se é o paciente, recebe o tratamento, submete-se ao tratamento. Como a foto no caso funciona como chamada para a reportagem interna, só o editor, o repórter e o fotógrafo, saltitantes de mãos dadas, poderiam saber. Ou o bom Deus, que já foi mais paciente com os brasileiros. Agora os brinda com governantes cada vez mais competentes.

No texto revelador de que Chagas Freitas "fez" 21 cirurgias, não há tanta dúvida de que não fez nada disso porque não era cirurgião; era pessoa conhecida — o que o redator não pôde pressupor para perpetrar sua obra. O que fez aqui com o "fez" também é comovente. Talvez estivesse com dor de barriga, por isso terá esquecido uma forma higiênica como "submeteu-se a 21 cirurgias."

O melhor desse texto, no entanto, é a necessária e portentosa informação complementar: "Ele fez 21 cirurgias durante a vida..." Sim, durante a vida. Não antes da vida nem depois da vida, que poderia fazer mal à saúde.

É bom lembrar que durante a vida se passeia, ama-se, submete-se a cirurgias e sofre-se com alguns textículos. A vida serve para isso mesmo. Depois...

SÓ PODE QUEM PODE

O ENTÃO ERUDITO economista e ex-ministro Roberto Campos, já no céu, talvez, escreveu num artigo a palavra "dessarte". Coelho Neto a usava às vezes nos primeiros anos do século passado, mas preferia "destarte". "Dessarte" é formado de "dessa" + "arte", nem convém dizer. Equivale a destarte ("desta" + "arte") e significa dessa forma, desse modo, assim; assim sendo, diante disso.

Dessarte, podemos concluir que vale tudo, ou melhor, quase tudo num texto, menos no texto informativo do dia a dia ou em revistas de assuntos gerais ou de educação. Nesses instrumentos de divulgação, convém utilizar vocabulário e linguagem mais consentâneos, como ele próprio diria, com a linguagem e o entendimento populares. Mas esse é um princípio que não valia para ele, que tinha autoridade para escrever o que quisesse, como já a teve para fazer o que queria, homessa!

Um espião na Antártida

O JORNALISTA Wilson Palhares guarda duas terríveis recordações da expedição de que participou à Antártida há mais de dez anos: o frio de 40 graus negativos que lhe encolhia tudo, até o cérebro, e as músicas de Roberto Carlos e Chitãozinho e Xororó que foi obrigado a ouvir durante os meses da gélida aventura: o comandante do barco adorava tais músicas e tinha todas as fitas das duas entidades. Para se distrair, Palhares pôs algodão nos ouvidos, e leu *Os Lusíadas* até decorar os dez cantos. Acabou gostando. É perito em Camões.

Por isso foi com um sorriso frio, talvez gelado, que leu a informação de que os esquimós são nativos da Antártica, como anunciaram há algum tempo comerciais de lançamento do então novo Guaraná Brahma.

"Aparecia um repórter encapotado no meio de uma geleira. Passava um esquimó. O rapaz oferecia um copo do novo Guaraná Brahma ao nativo. 'Não gostei', ele respondia. 'Na Antártica ninguém gostou do novo Guaraná Brahma, terminava o repórter. E o slogan: 'Experimente o novo'."

Muito gracioso o comercial. Muito mesmo. Só que na Antártida — há quem defenda a forma "Antártica" —, o continente que fica no sul do nosso mundo triste, lá onde se aloja impávido o polo Sul, não há nenhum nativo a não ser acarinos, rotíferos microscópicos, insetos minúsculos sem asas, liquens, musgos e fungos. Fora esses, e bactérias renitentes, não se conhecem outros seres vivos capazes de sobreviver por meios naturais no continente, chamado de continente antártico, com seus 14 milhões de quilômetros quadrados cobertos por uma camada de gelo de 1.800 a 4.200 metros de espessura. Lá a temperatura chega a 60 graus negativos bem arejada por ventos de até 160 quilômetros por hora. Só nas costas e águas costeiras circulam pinguins, gaivotas, baleias e focas. E essas alimárias não bebem guaraná nem que o Legislativo e o Judiciário brasileiros passem a trabalhar cinco dias por semana. Ou mesmo quatro. Podem bebê-lo os integrantes de bases científicas e militares convenientemente calafetadas para que as criaturas não se transformem em picolés; são pessoas que passam algum tempo lá de castigo e voltam para casa. Dizem que nunca mais tomam nada gelado.

Esse continente maior do que a Europa, portanto, é mais conhecido como Antártida. Antártico é o adjetivo correspondente às coisas da Antártida. Por isso, círculo polar antártico, montes transantárticos, oceano Antártico, região antártica. É por influência do adjetivo que algumas pessoas se referem à Antártida como "Antártica", principalmente entre os populares e em textos jornalísticos. De tanto insistirem, os dicionários já admitem "Antártica" como variante de Antártida. Os dicionários servem para isso mesmo — registrar tendências. Tanto que alguns sábios acham tolice a distinção entre uma e outra palavra e até defendem o uso do nome Antártica no lugar de Antártida para simplificar tudo, já que "antártico" significa meridional, do sul. Em inglês, o continente se chama Antarctico; em italiano, Antartica; em francês, Antarctique.

O que mais importa é que os esquimós, de origem mongólica, são nativos, isso sim, das costas árticas da Groenlândia, do Alasca e do Nordeste da Ásia — regiões próximas do círculo polar ártico, ao redor do polo Norte, lado oposto ao polo Sul, sabemos todos. Eles não se dariam bem no polo Sul.

Trata-se, portanto, de um pequeno engano, em que a Antártida se transformou em "Antártica", o ártico em antártico e o esquimó em nativo da Antártida, numa espantosa salada geográfica temperada pelo frio. Congelado, o repórter personagem do comercial, numa graçola com o nome da então concorrente Antarctica, enganou-se de polo e talvez tenha oferecido o novo Guaraná Brahma a um pinguim disfarçado. Terá sido um espião da Antarctica? Jamais saberemos.

FALÊNCIA ANUNCIADA

"O BANCO X *pedirá falência de mal devedor.*" Esse foi o espantoso título de jornal que causou alguma perplexidade aos menos distraídos. Não por causa do pedido que iria fazer o banco estatal tão bem tratado pelos governadores que se serviram dele, mas do uso do advérbio "mal" nesse contexto, modificando "devedor". Será um devedor perverso, agressivo? Uma espécie de Mike Tyson irritado e sem estribeiras? Algum simpático desmatador da progressista bancada ruralista?

Talvez convenha relembrar que a forma adequada é "mau" devedor ou "mau" pagador. "Mau" é adjetivo que classifica o substantivo "devedor" ou "pagador". O contrário de "bom", que é boa forma de saber quando usar "mal" ou "mau", como aprendemos na escolinha de dona Olga. E "mal" é advérbio, que modifica verbo, adjetivo ou outro advérbio. Usa-se "mau" quando no lugar dele "bom" vai bem; usa-se "mal" quando "bem" fica bom no lugar de "mau". Para ser repetitivo, é só testar o antônimo: "mal" é o contrário de "bem" e "mau" é o contrário de "bom".

Quem sabe uma tabelinha grudada no computador que insiste em misturar coisas?

Outro texto antológico de jornal. "Está-se há um mês do prazo dado pelo governo para apresentar ao Congresso uma proposta..."

Bela oração: "Está-se há um mês do prazo...". Esse "há", de haver, referindo-se ao futuro nessa frase ruinzinha, é das coisas mais bonitas que um redator pode redatar. Claro que ele sabe que só em referências ao passado é que se usa "há", e que em relação ao futuro se usa a preposição "a" desnuda. "Está-se a um mês do prazo." Mas há explicação para essas graçolas, como veremos em seguida.

Esses enganos podem ter uma das seguintes explicações ou as duas:

1. o dedo do digitador escorregou; no caso de mau/mal, em vez de premir o "u" com o indicador da mão direita na linha de cima, apertou o "l" na linha inferior com o anular; é como se alguém confundisse feijoada com abacaxi;

2. a direção do jornal ou da revista aboliu os sistemas de revisão e conferência e passou a exigir perfeição de seus quadros, esquecendo-se de que "herrar é umano", como escreveu Millôr, aperfeiçoando o conceito de Sêneca (55? a.C.-39? d.C.) — "Errar é humano", depois retomado por são Bernardo (1090-1153) — "Errar é humano; perdoar, divino". E por Goethe (1749-1832) — "Erra o homem enquanto a algo aspira". E por Molière (1622-1673) — "Os mais curtos erros são os melhores".

Mas não foi Cristo que disse um dia a respeito dos enganos mais variados, inclusive de texto: "Pai, perdoa-lhes porque não sabem o que fazem"?

O EBOLA E A DIPLOMACIA

EBOLA OU ÉBOLA é o nome do vírus que assolou o mundo há alguns anos? Ebola, sem dúvida, com a tônica no "o". A pronúncia recomendada pelo Itamaraty, no entanto, foi "Ebolá", oxítona, tônica no "a". Por quê? Porque o francês é a língua oficial do Zaire, explicou então um de seus porta-vozes. Que maravilha de burocratismo o do diplomático diplomata que anunciou coisa tão consistente! Será que nossos diplomatas dizem "Lumumbá" (o herói congolês morto), "Kinshasá" e "Kanangá", cidades da República Democrática do Congo, antigo Zaire? E "Balubá", reino antigo do Zaire? Dirão também, como belgas e franceses, "Alutá", "Bongandangá", "Buzingá", "Lomelá", "Lulongá", "Monvedá", "Opalá", "Idiofá"? Todas esses são vocábulos zairenses ou congoleses. E todos paroxítonos, tônica na penúltima sílaba. Só os pronunciam como oxítonos pessoas de fala francesa, porque Deus as fez assim. Que se há de fazer? Pronunciam também "Bangá" o último sobrenome de Mobutu Sese Seko Kuku Ngbendu ua za Banga, ditador do Zaire de 1965 a 1997, em vez de pronunciá-lo como nossa "tanga". "Tanga", aliás, também é palavra de origem africana, paroxítona como a maioria, e cobre mal o que deveria cobrir bem. Ou será que não?

Verdade que o francês é língua administrativa e das classes dominantes instruídas do antigo Congo, que foi território belga durante a primeira metade do século XX. Mas as muitas tribos zairenses que formaram o Reino do Congo entre 1350 e 1400 já falavam aqueles quatrocentos dialetos bantus e sudaneses, principalmente o suaíle, língua nacional do Zaire/Congo há bem mais tempo, com suas palavras sonoras, as vogais abertas, como as muitas que enriqueceram a língua portuguesa. E talvez nenhuma como proparoxítona. Os portugueses estiveram comendo bacalhau por lá de fins do século XV até o século XVII — bem mais tempo do que os belgas. De todo modo, não há razão para cinquenta anos de domínio francês prevalecerem sobre séculos de cultura ou costume.

Algumas pessoas andaram defendendo outra pronúncia — "Ébola", proparoxítona, tônica na antepenúltima sílaba. Por que "Ébola"? Essa seria a pronúncia preferida por locutores de TV de língua inglesa. Tolice de papagaio. A pronúncia deles, como a dos franceses, nada tem que ver com a dos africanos ou com a nossa. Há quem alegue razões eufônicas para dizer e escrever "Ébola". Elas só seriam ponderáveis se "Ebola" fosse um grosso palavrão na Última Flor do Lácio.

Como pronunciam esse nome os nativos das proximidades do rio Ebola, palavra paroxítona? Dizem "Ebola", paroxitonamente, carregando no "bó", contaram repórteres da CNN quando o problema da doença era agudo.

O fato é que a pronúncia "Ebóla" está de acordo com a dos retumbantes africanismos léxicos alegres ou tristes incorporados ao português desde os tempos da escravidão oficial ou antes deles: batuque, cachaça, camundongo, candonga, candumba, capenga, carimbo, caxumba, ebongo (serpente africana), jeribita, macumba, mandinga, marimbondo, maxixe, moamba, quimbanda, quimbundo, quimbete, banzo, bumbo, bunda, bundo, samba, tanga, urucungo e muitos outros. Palavras paroxítonas na maioria, mas há também várias oxítonas, tônica na última sílaba: berimbau, candomblé, canzuá, orixá, vatapá, quimbombó e outras.

Claro que tratar o continente africano com suas oitocentas a mil línguas como uma unidade seria uma simplificação tola. Mas parece evidente que as palavras de origem africana são com enorme frequência ressonantes e cheias de vogais, principalmente abertas e geralmente paroxítonas.

Pode-se concluir, portanto, que a pronúncia "Ébola" é mistura espúria da pronúncia de alguns artistas de fala inglesa com a tradução precária do francês "Ébola", que eles pronunciam "Ebolá". Só que o acento agudo, se houver, marca a vogal fechada e soante, não a sílaba tônica, convém repetir, não a sílaba tônica, não a sílaba tônica: opéra (opêrá), camélia (camêliá), taffeta (taf'tá), tafia (tafiá) e muitas outras terminadas em "a" aberto, que soam como oxítonas para eles, coisa sem remédio. Pois não pronunciam "Brasiliá"?

Apesar da evidência de que "Ebolá" é pronúncia obviamente francesa, alguns comentaristas de TV e de rádio andaram falando como os gauleses. Teria sido influência de nossos simpáticos diplomatas diplomáticos diplomados?

Fora a possível salada gálico-anglicana que teria gerado a pronúncia e a grafia "Ébola", há um fenômeno típico da língua portuguesa que talvez tenha ajudado a gerar o engano provisório. Muitos tendem a pronunciar como proparoxítonas palavras estranhas, desconhecidas ou de procedência erudita. Proparoxítonas, lembramos todos, são as palavras cujo acento tônico cai na terceira sílaba de trás para diante. A antepenúltima, portanto. Por isso tanta gente disse e ainda diz coisas como "algarávia", "árcano", "arcedíago", "ávaro", "azíago", "barbária", "bátavo", "celtíbero", "cíclope", "décano", "estálido", "estrátego", "exégese", "filântropo", "íbero", "líbido", "maquinária", "pégada", pênates", "périto", "púdico", "rúbrica", "préssago", "récorde", "simúlacro", "tímbale" e outras. Todas essas palavras são paroxítonas, muito bem sabe a maioria dos leitores. Como "Ebola", com sílaba tônica no "bó" de bola, que desapareceu por lá sem levar nenhum de nossos políticos, que pena.

A GELECA MUDA E FICA IGUAL

NOUTRO DIA, um desses deputados anônimos que dizem coisas interessantes na TV usou a palavra "aforisma" no sentido de máxima, sentença breve e conceituosa. Disse o seguinte: "Viver é lutar."

Essa frase, nem um pouco original, não é "aforisma", mas aforismo, máxima, ditado, apotegma. Foi um óbvio engano do computador do cidadão que lhe escreve o que dizer. Ou sabotagem.

Certas palavras se parecem com outras, mas têm sentidos muito diferentes. "Aforismo" e "aforisma" são duas delas.

"Aforismo", substantivo masculino, significa máxima, apotegma, sentença breve e conceituosa. "Herrar é umano", por exemplo. Vem do grego *aphorismòs*, definição, conceito, sentença.

"Aforisma" também é substantivo masculino. O *Aurélio* não o registra, mas é termo médico antigo e significa tumefação causada por dilatação ou ruptura de vasos. Espécie de tumor sanguíneo. Também provém do grego, *aphorisma*, coisa determinada ou separada, lembra o *Houaiss*. Considerando o sentido de tal palavra, alguém chamou o Congresso nacional de “aforisma”. Pura maldade. Uma parte do Congresso também é chamada aleivosamente de “geleca” (geleia com meleca) por pessoas desrespeitosas. Dizem elas que essa é a parte que vota conscientemente para quem dá mais, briga muito por aumentos dos próprios salários, move-se mole-mole de lá para cá e exala odor desagradável, muito desagradável. Claro que não é pelo perfume que tanta gente gasta tanto para associar-se a tanta gente boa.

O ESTÔMAGO E A VÍRGULA

ANTES DE UM DOS AUMENTOS que concederam a si mesmos, os congressistas brasileiros consideraram-se em situação financeira difícil, e o então deputado Wilson Campos (PSDB-PE) expressou sua desdita de forma um pouco estranha:

> *Todo estômago do brasileiro é igual; dos trabalhadores e dos deputados. A Mesa [diretora da Câmara] precisa encontrar um caminho que tire os parlamentares dessa dificuldade*

Não eram nem 100 mil reais para cada um por mês, incluindo os 15 salários, o apartamento funcional ou o auxílio-moradia, as passagens aéreas para o estado representado e para o Rio, a bufunfa para pagar até 14 funcionários, as despesas postais e telefônicas pagas. Pouco, claro. E chegar às festas juninas, as mais importantes do Nordeste, como chegaram, sem bufunfa para pagar rojões e busca-pés não é mole. Tristeza.

Sua excelência teve toda razão de bufar. Só foi um pouco infeliz na forma. O que quer dizer "Todo estômago do brasileiro é igual"? O estômago inteiro do brasileiro é igual a alguma coisa? É recheado? Bem forrado? Achatado? Vazio? Igual a quê?

Mesmo comovidos com a parlamentar lamúria, percebe-se que ele, modestamente, quis dizer que todos os brasileiros têm estômago com as mesmas necessidades, quer seja um aposentado feliz da iniciativa privada, um trabalhador sorridente da construção civil ou um coletor de lixo de salário mínimo. Todos precisam papar, de preferência três vezes por dia, tomar medicamentos quando necessário, ir para a cama quentinha, se possível bem acompanhado, passear de avião pra lá e pra cá e visitar as bases sempre que possível. Quaisquer bases.

Emocionado, o doutor foi meio desconexo, coisa perdoável quando se percebe nas entrelinhas que queria para todos o mínimo que ele próprio tinha. Muito bom.

Só que poderia ter dito com mais exatidão:

> *Todos os brasileiros, trabalhadores ou deputados, têm estômago e as mesmas necessidades básicas.*

Mesmo que fosse mais bem articulada, sua lamentação não faria justiça aos deputados, porque ele os separa dos trabalhadores:

> *Todo estômago do brasileiro é igual; dos trabalhadores e dos deputados.*

Por acaso não considerava serem os deputados também trabalhadores? Uma injustiça para com seus pares! Deveria ter dito com verdade e justiça:

> *Todos os trabalhadores temos as mesmas necessidades, por isso nada de desindexar só os salários.*

O então deputado-cantor Agnaldo Timóteo (PPR-RJ) foi mais sintético e preciso em seu sutil recado sobre o assunto. Pelo menos na versão reescrita por algum repórter piedoso:

> *Estamos em Brasília exercendo nosso mandato de forma nobre de terça a quinta, ganhando um salário ridículo, e ainda temos de aguentar desaforo?*

Sim, eles sofrem. E na pauleira infernal de terça a quinta. Ele tinha razão.

Tanta que o ex-senador e ex-ministro Ney Suassuna (PMDB-PB) declarou:

> *Estou extremamente preocupado com o desalento dos parlamentares, que não têm receita paralela.*

Essa vírgula antes do "que" ("... parlamentares, vírgula, que não têm...") terá sido posta pelo ilustre senador? Do jeito que está, com a vírgula, ele diz que nenhum dos parlamentares tem receita paralela. Trata-se da tal oração subordinada adjetiva explicativa, introduzida por pronome relativo. "Que", no caso.

> *O homem, que é mortal, vira pó.*
>
> *A neve, que é branca, enfeita o inverno da matriz.*
>
> *Os deputados e senadores, que são honestos e trabalhadores, merecem ganhar mais.*

Percebe-se por esses exemplos que as orações subordinadas adjetivas explicativas indicam qualidade essencial ao substantivo a que se referem: o homem é necessariamente mortal, a neve é imperiosamente branquinha, os deputados e senadores são essencial e definitivamente honestos e laboriosos. Por isso tais orações — explicativas — são separadas por vírgulas.

As orações adjetivas explicativas diferem das adjetivas restritivas, que atribuem ideia acidental ao substantivo referido. Na afirmação do senador Ney Suassuna, portanto, sobra a virguleta, porque há deputados e senadores com renda paralela: donos de hospitais, de fazendas, de indústrias, de emissoras de rádio e TV. Fora os que recebem algum misterioso por fora. Um engano virgulatório dele ou do escriba que lhe transcreveu a declaração preocupada. A oração suassunial, para ser correta e exata, deveria ser desvirgulada — uma adjetiva restritiva.

As restritivas ligam-se ao substantivo (ou substantivos) sem vírgula:

O homem que é justo vai para o céu de mala e cuia.

(Nem todos são justos, parece.)

Os parlamentares que não têm receita paralela vão morrer de fome.

(Nem todos têm receita paralela.)

"Que não têm receita paralela", portanto, livre de vírgulas, é a oração adjetiva restritiva que exprime corretamente a louvável preocupação do senador e de todos os deputados que expressaram sua dor no caso.

BUJÃO OU BOTIJÃO?

EM TEXTO SOBRE os ascendentes preços do gás por causa de alguma oscilação no fornecimento da Bolívia, o analista referiu-se a bujão. Bujão de gás.

Os sábios mais cuidadosos com a origem das palavras preferem "botijão". Mas há pessoas que se referem àquela vasilha dinossáurica de transportar e vender gás como "bujão". Nem sempre é gente sem escola, mas pessoas que trabalham com comunicação. Repórteres de jornais de TV, por exemplo. Ou como o analista econômico.

Pois bujão, há algum tempo, não tinha nada que ver com gás. Bujão é bucha com que se tapam buracos; cunha pequena para apertar cavilhas e, mais frequentemente entre os brasileiros, tampa de atarraxar metálica ou de outro material, usada para vedar. Bujão vem de bucha, tampão, porção de estopa, de pano, que se empregava para dar mais consistência à pólvora nas armas antigas. Do antigo francês *bouche,* do latim da Gália *bosca.*

Mas os dicionários *Aurélio* e *Houaiss,* considerando com sabedoria que o povo faz a língua, registram bujão como sinônimo brasileiro de botijão, admitindo que muita gente o toma por vasilha. É preciso admitir, além de tudo, que a acepçao de bujão como vasilha talvez venha do francês *bouchon*, recipiente metálico para produtos voláteis.

Não há nenhuma dúvida, no entanto, de que botijão, de botija, vaso cilíndrico, de boca estreita, gargalo curto e uma pequena asa, vem do latim *buticula*, diminutivo de *buttis*, odre, vaso, pelo espanhol *botija*.

Por tudo isso, "botijão" é preferível a "bujão", tratando-se do recipiente de gás combustível. Mas não soframos com isso, porque o gás não ficará mais barato, o governo não recolherá menos impostos nem a vida ficará mais doce.

AMOR DE SILICONE

UM OU OUTRO REPÓRTER ou redator, de TV ou não, andou traduzindo o Silicon Valley, dos Estados Unidos, por "Vale do Silicone". Uma distração, porque o vale famoso é o do silício — Vale do Silício. "Silício" é um elemento não metálico, semicondutor, muito usado em eletrônica. E "silicone" é designação genérica de polímeros que contêm átomos de silício, oxigênio e outros, de utilidade industrial variada. O silicone tem vasto uso em medicina reconstrutora, restauradora ou salvadora. Por exemplo, em estado semigelatinoso serve para sustentar seios e bumbuns derrubados pelos anos e pelo uso. Às vezes, mau uso. Em estado semissólido, serve para sustentar com próteses órgãos, sim, órgãos derrotados, de forma que o usuário permaneça em estado de semiprontidão, semiapto para qualquer semiembate.

Nos Estados Unidos, o uso de algumas formas de silicone para tais cirurgias regeneradoras esteve em discussão porque os resultados a longo prazo podem ser ruins: dizem alguns que ele encaroça e tende ser rejeitado pelo organismo. Aqui o usam sem muitos cuidados. Aqui tudo é possível. Alguns malucos usam até o impróprio silicone industrial em cirurgias de fundo de quintal. Um risco, claro. Quem quiser que aproveite. O silício não daria certo em tais usos. Nem aqui nem acolá.

O "X" DO CÂMBIO

O TÍTULO DO EDITORIAL sobre oscilações do câmbio foi o seguinte: "Câmbio extático." Assim, com "x" de xaxado.

Grafia curiosa. Justamente no título. Como o texto tratava da imobilidade provisória do câmbio, tende-se a pensar em "câmbio estático", com "s" de sesso ("ê" fechado), estranha e desusada palavra que significa nádegas. Engano do redator, claro.

Estático significa imóvel como estátua, hirto, sem movimento, como a justiça nativa às vezes parece estar na maioria dos casos. O adjetivo estático vem do grego *statikòs*. E estase (tá) é paralisia, entorpecimento, estagnação do sangue. Também do grego *stasis*, de *hístemi*, parar, como registra qualquer dicionário etimológico.

Ou teria o surpreendente redator querido dizer mesmo "extático"? Extático significa em êxtase, absorto, arroubado, admirado, surpreso. Estaria de fato o câmbio extático, perplexo com as liberdades que tomaram com ele, fazendo o dólar curvar-se, ajoelhar-se, arrastar-se diante do real? Pode ser até que houvesse a indicação de êxtase orgástico (de orgasmo) com a habilidade das autoridades econômicas. Será? Êxtase vem do grego *ékstasis*, pelo latim *extasis* de *ex* (fora) e *stare* (estado). Daí o adjetivo extático, do grego *ekstaticòs*, se é que isso interessa a alguém, claro que não.

Outra possibilidade: talvez o computador tenha se distraído ou sabotado a obra cambial, obviamente estática, enfiando ali um *x* comprometedor no lugar do inexpressivo e sinuoso *s*. Não, não é possível. Portanto, salvo melhor juízo, como diria algum apóstolo do deus mercado, houve engano do redator, e o título deveria ser indiscutivelmente "Câmbio estático".

Imperador de novela

Em novela exibida no SBT há tempos, *Sangue do meu sangue*, uma personagem chamava o imperador D. Pedro II, sua mulher, Teresa Cristina, e a filhota, princesa Isabel, de "Suas Altezas", na chegada a um baile. A personagem era a abolicionista ex-atriz Pola Renon, da novela que tratava da escravatura e se passava no fim do período imperial brasileiro. A propósito, o Brasil imperial carrega marca importante: foi o último país do Ocidente a abolir a escravatura. Escravatura oficial, bem entendido. E a aboliu constrangido pela pressão e as ameaças da Inglaterra. A Loura Álbion, como se dizia antigamente, dava a si mesma o direito de apresar navios negreiros e julgar os responsáveis, baseada numa lei de seu próprio Parlamento, a Lei Aberdeen.

Uma vergonha. Maior, é claro, do que chamar o imperador de "Sua Alteza". Ao chamá-lo assim, a personagem cometeu duplo engano. "Alteza" era fórmula de tratamento para príncipe e princesa. Os príncipes deviam ser chamados de Alteza e de Sereníssimo Senhor. As princesas, naturalmente, de Alteza e Sereníssima Senhora. Parece, mas não é brincadeira. Rei era chamado de Majestade e Senhor. Era e será, assim que a família imperial de Orleans e Bragança voltar ao poder.

Segundo engano: quando se dirige a um rei, usa-se "Vossa Majestade"; "Sua Majestade" utiliza-se quando se fala dele respeitosamente para outra pessoa. Assim também, vossa e sua, em relação ao príncipe e à princesa, ao papa (Santidade e Santíssimo Padre), ao cardeal (Eminência), ao bispo (Excelência Reverendíssima), ao reitor de universidade (Magnificência ou Magnífico Reitor), ao presidente e aos pais da pátria (Excelência), a autoridades várias, inclusive bicheiros, contrabandistas de armas e de drogas (Senhoria), ao juiz (Meritíssimo — nunca "meretíssimo", que é muito feio).

Convém lembrar que esse tratamento formal e um tanto ridículo é utilizado sobretudo em documentos, cartas, requerimentos, muito mais do que na linguagem oral. Mas é bom estar preparado, caso se encontre por aí um presidente, um cardeal ou um imperador. Ou, vá lá, um papa.

Apenas para exemplificar, quando alguém pede uma audiência ao dr. Sarney, o imperador do Maranhão, deve dirigir-se ao secretário dele assim:

— Posso falar com *Sua* Majestade?

(Sua Majestade obviamente não participa dessa conversa.)

Depois, se atendido, já na presença do dr. Sarney e diretamente a ele:

— *Vossa* Majestade me concederá a graça de um bom lugar numa estatal?

O importante, nessas fórmulas de tratamento esquecidas pelos escritores da novela, é manter o "Vossa" na conversa com o figurão com quem se fala e o "Sua" nas referências dele a terceiros. E, naturalmente, com o *verbo sempre na terceira pessoa gramatical*, embora "Vossa", da segunda, seja parte do pronome.

Convém ilustrar com o exemplo vivo do Congresso ou das Câmaras, que mantêm como regimental o nobre tratamento:

— Vossa Excelência desviou dinheiro com emendas fajutas na Comissão de Orçamento e levou algum da Sudam!

— Vossa Excelência, sim, é que é um larápio filho de uma pata que brotou no brejo!

É preciso tomar cuidado com a língua.

A MOÇA E O MARIDÃO

AS SEÇÕES DE NOTÍCIAS leves e colunas sociais de jornais e revistas costumam ter diversas marcas registradas. Algumas boas, outras nem tanto, várias de chorar. Além das específicas, de cada colunista, há algumas gerais. Duas delas são "moço" ou "moça", com que evitam o nome da criatura de que falam, e outra, "maridão", quando falam do acessório masculino de uma bela dama. Por exemplo:

"A estonteante Cindy Crawford, como veio ao mundo, na revista *Esquire*. Nesse ínterim, perdendo tudo isso, o ex-maridão Richard Gere faz exercícios espirituais na Índia..."

"Como veio ao mundo" também é expressão tão nova quanto Cauby Peixoto, que confessou a Jô Soares cantar *New York, New York* melhor do que Frank Sinatra cantou. No mínimo igual. O "moço" está com tudo.

Verdade que ninguém vai sofrer muito por causa desses refinamentos estilísticos, muito menos quem tomou o lugar do "maridão", mas as fórmulas repetidas a mancheias, como diria Castro Alves, dão sempre a impressão de coisa já lida, já vista, já vivida, desnutrida, falecida.

Por que fazem isso com o pobre leitor?

O "MERCOSUR"

UM CRIATIVO ANALISTA esportivo escreveu "nós, latinos-mercosuleses...". Fez isso por certo baseado na malformada acrografia Mercosul. Acrografia, nem seria preciso dizer, é uma espécie de sigla. É palavra formada com as primeiras letras ou sílabas do nome de uma entidade qualquer. Detran, por exemplo, de Departamento de Trânsito; Funai, de Fundação Nacional do Índio; Sudene, da sempre tão bem administrada, nos seus últimos anos de existência, Superintendência do Desenvolvimento do Nordeste.

A acrografia Mercosul foi gerada de Mercado Comum do Cone Sul. Em espanhol, Mercosur, de Mercado Común del Sur. Em português ou espanhol, é a união aduaneira (livre comércio intrazona e política comercial comum dos países constituintes).

Mercosul deveria ser Mercoco-Sul, com hífen, para que o "s" tivesse o valor de fricativa alveolar surda (epa!), como o de "sapo" e "missa". Ou, segundo o último Acordo Ortográfico, Mercocossul. Não fizeram isso talvez por dois motivos: "Mercoco" soaria mal; então, um "cô" engoliu o outro ou sobrepôs-se. Nada de mau. Em segundo lugar, para facilitar as coisas, traduziram "Mercosur" com casca e tudo e fixaram "Mercosul", que deveria ser pronunciado "Mercozul".

O iluminado que criou a acrografia "Mercosul" talvez tenha querido homenagear nossos queridos irmãos sul-americanos de fala espanhola, que podem escrever "Mercosur" corretamente porque em espanhol o "s" soa sempre como nossos "ç" ou "ss". Além do mais não usam o estapafúrdio hífen, sábios que são. Daí o aleijão "Mercosul", que pronunciamos "Mercossul" por deferência a *nuestros hermanos*.

Várias acrografias e siglas passam a existir linguisticamente como substantivos primitivos, capazes de formar derivados. O PTB virou petebê e gerou os dicionarizados petebismo e petebista; o PFL, Partido da Frente Liberal, transformou-se em pefelê dos pefelistas, porque os nordestinos soletram assim tais letras; poderia gerar Pafreli e acabou se transformando em DEM, de democratas; o PT, Partido dos Trabalhadores, Petê dos petistas, poderia gerar Patra dos patralistas e assim por diante.

De volta ao "latino-mercosuleses" do cronista esportivo, toda a patota abrangida pelo Mercosul é necessariamente latino-americana, melhor ainda, sul-americana (Argentina, Brasil, Paraguai e Uruguai e, daqui a pouco, a Venezuela e talvez outros), por isso o "latino" juntado ao "mercosuleses" é uma demasia inútil.

É claro que o cronista criou uma derivação quase aceitável do já cristalizado Mercosul. Mas os do sul são sulinos ou sulistas. Teria escrito melhor "mercossulinos" ou "mercossulistas", corrigindo a incorreção original. Tarde demais e pouco importa.

O amor do delegado

Um delegado narrou um caso tristíssimo de assalto com morte da seguinte forma, em conversa gravada. Sim, gravada, registrada para a posteridade:

> *O elemento parou [o carro] num lugar ermo para efetuar a subtração dos pertences da vítima.*

"Efetuar a subtração dos pertences da vítima"?

Beleza de linguagem!

(Uma pessoa de má vontade diria que subtrair os pertences da vítima [o povo] é o que fazem os governos do jeito que administram os preços de serviços públicos.)

Depois, disse mais o delegado:

> *A vítima ofertou resistência e foi alvejada com três tiros.*

"A vítima ofertou resistência?"

Eis aí um policial refinado.

Como conversará uma pessoa dessas com a mulher ou a namorada? Talvez pergunte ao "adentrar o recinto":

Permita-me oscular a polpa macia dos lábios teus de mel?

Se a coisa for adiante:

Apetece-me demasiado subtrair tuas vestes para efetuarmos um intercurso pleno de mútua satisfação.

Se for mais adiante:

Preferes, amor meu, o decúbito ventral ou o decúbito dorsal?

Por fim...

Melhor parar por aí e respeitar a intimidade da Lei e da Ordem.

O DR. EGAS, O LATIM E O FEITIÇO

TODOS NOS LEMBRAMOS de que do século XV ao XVIII os sábios do Ocidente utilizavam o latim para registrar passagens picantes ou termos vulgares; pretendiam poupar vergonha às mulheres, em geral iletradas. Naquele tempo, claro, porque agora em geral sabem mais do que os homens.

Bem mais tarde, e também para não envergonhar leigos e gente pouco letrada, mas curiosa, o neurocirurgião Egas Moniz (1874-1955), um português sábio, ora pois, usou o latim em muitos trechos de seu livro *A vida sexual*, de 1906. Nesses trechos descreveu exemplos de anomalias e perversões sexuais. Algumas de arrepiar. Outras que podem ser apreciadas hoje até na novela das 8h45 ou nos filmes leve ou pesadamente safados exibidos por emissoras de TV. Egas morreria de vergonha se cá hoje vivesse; nos tempos dele, de puritanismo vitoriano de fachada, safadezas só ao vivo ou em latim.

Safadezas à parte, recebeu o Prêmio Nobel de Fisiologia e Medicina por ter desenvolvido em 1927 a angiografia cerebral, que permite evidenciar a circulação cerebral mediante a injeção de um meio de contraste na artéria carótida, e, em 1948, por ter introduzido o método da lobotomia pré-frontal no tratamento da esquizofrenia e da paranoia. Isso sim, uma verdadeira safadeza atualmente em desuso, superada por terapias modernas.

O que não está em desuso é o fetichismo, que descreve entre as patologias da vida sexual, junto com bestialidade, exibicionismo e outras perversões menos votadas. Importa aqui é a palavra fetichismo, que o dr. Egas condenou por ser galicismo e preferiu feiticismo.

Fetiche de fato é galicismo. E proveniente do português feitiço. O francês internacionalizou-a e a devolveu com a acepção de ídolo, objeto de veneração supersticiosa; em medicina, campo do dr. Egas, fetiche é perversão sexual em que o paciente associa as suas sensações eróticas a uma parte da pessoa amada ou a objetos de uso dela: o nariz, o calcanhar, os sapatos etc.

A forma "feitiço" nesse sentido, proposto por ele e por outros puristas, não colou. Feitiço manteve-se como sinônimo de malefício, sortilégio, bruxedo, encantamento. Do latim *facticio*, coisa feita, preparada artificialmente. Por isso, como adjetivo, feitiço significa artificial, fingido; falso, postiço, fictício. Todos ou quase todos os partidos políticos brasileiros, por exemplo, são feitiços. Não convém dar exemplos para não ser repetitivo.

Viva o dr. Egas Moniz, um português sabichão.

Jobim e a Mata Atlântica

O TEXTO DA REVISTA sobre a Mata Atlântica flui convincente e em certo ponto reproduz uma declaração do sempre saudoso Tom Jobim: "A coisa mais bonita que eu conheço é a Mata Atlântica." Em seguida esbarra na seguinte revelação surpreendente:

> *Antes de morrer, o compositor também produziu um livro sobre a floresta, com fotos de sua mulher, Ana Jobim.*

Sim. Ele produziu o livro antes de morrer.

Por que o redator fez isso com os leitores, que seguiam embalados, convencidos de que a Mata Atlântica é de fato um santuário etc., esquecidos das dores da vida, dos desamores, da tristeza do tempo que se esvai, perdido, irremediavelmente perdido, como diria o solitário Proust? Por quê? Por que maltratar a inteligência do já bem tratado e bem governado leitor com a informação inusitada de que o compositor produziu o livro antes de morrer? Sim: antes.

Lendo uma revelação dessas a criatura cai de volta no mundo mau das crises e dos desgovernos com seus vaivéns e percebe como as coisas são oscilantes, falíveis, efêmeras, passageiras. Quer dizer então que o Jobim produziu o livro antes de se encontrar com a Elis, o Pixinguinha, o Beethoven, o Mozart e o Florestan Fernandes, exemplo de sociólogo íntegro?

A informação "antes de morrer", não fosse melancólica, seria de fazer até aposentado rir, porque a coisa ia bem. Pode-se atribuir essa informação a um momento de fraqueza do redator. Noite alta, cansaço, saudade dos braços do amor distante... Estaria ela só? Se não, o que estaria fazendo? E com quem?

Um momento: por que pensar no pior para o redator? E por que a má vontade com o texto? Por que não "antes de morrer"? Muita gente, desligada da realidade deste vale de lágrimas, poderia pensar que o bom Jobim havia feito esse trabalho meritório depois de ter subido ao céu, por meio de alguma transação espiritual, distraídas que são as pessoas. E o Pai Nagô?

Diante de tais considerações, como diria um deputado dos bons, talvez não convenha condenar a informação pia. Vá lá que seja: Jobim produziu o livro antes de morrer e não se fala mais nisso.

Como livrar-se da obviedade involuntariamente engraçada? Ele produziu o livro meses antes de morrer, 25 dias antes, três anos antes. Coisa assim. Sim ou não?

O EME DE ACUPUNTURA

O EXERCÍCIO da acupuntura foi enquadrado há poucos anos pelo Conselho Federal de Medicina como boa prática médica. Mas vários locutores de rádio e TV leem a palavra acrescentando ao nome do método de tratamento um eme indevido. E muita gente repete o engano. Em vez de acupuntura, com um só e solitário ene, muita gente diz erradamente, mais do que escreve, "acumpuntura", com um "eme" e um "ene" nasalantes.

Acupuntura, é bom repetir, tem um só ene, e antes do t+u, nunca um eme depois do c+u: acupuntura, acupuntura, acupuntura, se é que alguém vai sair por aí falando isso. Acupuntura, método de tratamento da saúde feito por meio da introdução de agulhetas no corpo para estimular pontos vitais, é palavra formada pelos vocábulos latinos *acus*, agulha, e *punctura*, de *pungere*, pungir, picar, ferir, estimular, incitar.

Pungere é coisa que o pessoal da especulação financeira tanto fez que criou a primeira crise brava do século XXI. Só que esse pessoal não picou nem feriu com a fina *acus* e sim, famelicamente, com o rombudo *marculus* (martelo). O resultado todos conhecemos.

Pra lá e pra cá

O time do Corinthians estreou uniforme reestilizado em jogo contra o São Paulo; camisas quadriculadas e calções brancos com bolinhas da mesma ausência de cor. Um jornal esportivo então publicou comentário sobre o jogo, em que brilhava o seguinte período:

> *No segundo tempo, o Corinthians veio com o "negativo" do novo uniforme, mas sem os calções brancos.*

Sem os calções brancos? Assim, simplesmente assim? Sem calções? A moçada correndo em campo pra lá e pra cá, pra lá e pra cá, pra lá e pra cá e não houve tumulto nas gerais?

Há de ser incômodo correr assim, não? Os índios de algumas tribos estão acostumados. Teriam os jogadores mantido a sunga ou corrido desprotegidos dos muitos males desta vida?

O OLIGOPÓLIO E OS DICIONÁRIOS

POR QUE A PALAVRA "oligopólio" não consta de alguns dicionários? Primeiro, o significado dela, para quem não frequenta supermercados, como nossos simpáticos governantes: as compras vão à casa deles sem que saibam o preço. Em economia define a situação de mercado na qual, num limitado número de produtores, cada um é forte o suficiente para influenciar o mercado, mas não o é para desprezar a reação dos competidores. Representa no Brasil a situação típica dos supermercados, da indústria automobilística, de pneus e de autopeças, entre muitas outras. No caso de oligopólio, as empresas combinam entre si para definir preços, evitando a concorrência, que os faria cair para alegria dos consumidores. Por que baixar preços se podem mantê-los altos?

Alguns dicionários antigos, como o ótimo *Aulete* impresso, por exemplo, não registram "oligopólio". Nem os dicionários *Antenor Nascentes, Laudelino Freire, Cândido de Figueiredo* e *Lello* — todos grandes e abrangentes, mas desatualizados. Além do *Aurélio*, do *Houaiss*, do *Michaelis* e do da *Academia de Ciências de Lisboa* — todos modernos —, registram-no o *Melhoramentos*, o etimológico de Silveira Bueno e o lusitano *Morais*, de 12 volumes. Assim também o *Aulete* digital.

Ocorre que "oligopólio" é neologismo, embora não tão novo assim, já que Silveira Bueno o anotou em 1968 ou antes, e o último *Morais* é de 1949. É palavra formada por dois elementos gregos: *óligo* (pouco numeroso) e *pola* (vendedor), que assume a forma "pólio" em monopólio (venda centralizada nas mãos de um só). *Pola* entrou na formação de bibliopola (vendedor de livros), por exemplo. E "pólio" com "mono" (um só) formaram "monopólio" (venda centralizada nas mãos de um só). Caso da Petrobras, quando detinha o monopólio da exploração e venda de petróleo e derivados no Brasil.

Oligarquia tem algum parentesco com oligopólio. É formada também por *óligo*, com *arqui*, prefixo que dá ideia de ascendência; esse prefixo tem variantes como "arca" e "arce". Daí monarca (um só chefe), arcebispo (bispo principal). Oligarquia, logo se vê, é o governo de poucos. Poucos representantes de grupos políticos ou de grupos econômicos. Poucos, enfim. Que ninguém diga que é o que ocorre por aqui desde as capitanias hereditárias, grande novidade. Mudará?

A operação que deu certo

"A operação tem sido exitosa", disse um técnico do governo estadual, comentando o sistema de rodízio de automóveis imposto para tentar reduzir a poluição em São Paulo.

"Exitosa"? Não dá para ter saudade dos ex-ministros que faturam em conferências, dizendo como é que se faz a coisa, agora que estão fora, porque o show continua. O "exitoso" repetido por tecnocratas só foi incorporado ao léxico oficial (*Vocabulário ortográfico da língua portuguesa*) em 2009, mas o *Dicionário Houaiss* já o registrava, e o *Aurélio* anterior ao Acordo Ortográfico, não. Nem o *Michaelis*. É adjetivo proveniente de êxito. Exitoso: "diz-se de quem ou daquilo que tem bom êxito com frequência". Quem não for tecnocrata empedernido fará bem em evitar tal palavra. Por enquanto, melhor ficar com êxito.

Êxito, do latim *exitus*, significa saída, fim, acabamento; resultado, sucesso final; resultado feliz, auspicioso ou afortunado; consequência, efeito. E *exit* (éksit), que significa "sai" em latim, é palavra usada em textos de peças teatrais para indicar que uma personagem sai de cena. Mas o que importa é êxito:

O êxito do banqueiro correspondeu à expectativa de seus sócios e protetores políticos.

A proposta para tirar a GM do buraco pode ter êxito.

Os bancos afundaram, mas os responsáveis tiveram êxito: estão por aí lampeiros.

O êxito da reforma tributária está garantido porque ela vai beneficiar a maioria e promover a distribuição de renda, graças ao bom Deus.

Por esses exemplos do uso adequado de êxito, colhidos como flores em jornais e revistas, se pode concluir que o técnico poderia ter dito melhor:

A operação teve êxito. Ou: *O êxito da operação correspondeu à expectativa.*

Por que não, com mais simplicidade?

A operação deu certo.

Qualquer operação.

APRECIAR O QUÊ? OU UM FILHOTE DO ECONOMÊS

A PALAVRA "apreciação" tem sido chicoteada à vontade. Em seus artigos com receitas ótimas para resolver todos os problemas da pátria, economistas que já estiveram no governo e passaram a saber tudo depois que de lá saíram utilizam às vezes o substantivo "apreciação" como sinônimo de valorização. Por contaminação, com rima e tudo, alguns repórteres da área e analistas econômicos também maltratam essa palavra.

Assim escreveu uma repórter de economia:

> *... com a apreciação do real* [em relação ao dólar], *começam a voltar para seu lugar de origem...*

Assim escreveu um economista:

> *A equipe econômica está presa a uma armadilha que ela mesmo armou ao deixar a taxa de câmbio apreciar...*

Primeiro convém lembrar que o adjetivo "mesmo" (como "próprio") deve concordar em gênero e número com a palavra cujo sentido reforça. Portanto, "... que ela mesma armou..." ou "eles mesmos" ou "eles próprios":

> *Os deputados aumentaram o próprio salário, mas justificaram-se: para comprar as mesmas coisas de antes não bastava o salário que recebiam.*

De volta a "apreciação", mais à frente escreve o economista:

> *... sem evitar a apreciação do real...*

No primeiro exemplo, o economista fez mais uma coisa curiosa com "apreciar": usou-o mineiramente, sem o pronome reflexivo, necessário nesse caso ou no do suposto sinônimo "valorizar": "... ao deixar a taxa de câmbio apreciar..."

Apreciar o quê? Valorizar o quê? A si mesmo. Portanto: "... deixar a taxa de câmbio apreciar-se (ou valorizar-se)..."

Por que será que fazem isso com "apreciação"? Essa palavra contém no significado real e original certa ternura e profundidade que não carrega a carga pesada da noção de valor, principalmente para cima, como supõe o pessoal da economia e adjacências. Apreciação significa ato ou efeito de apreciar; conceito, julgamento, opinião; análise, exame. Em filosofia, reconhecimento do valor de uma ideia ou de um fenômeno. Logo, nenhuma ideia de valorização, de aumento.

E apreciar, de apreciação ou vice-versa, é estimar, prezar; avaliar, julgar, considerar. Não tem relação com apreçar — perguntar o preço de; ajustar o preço de; atribuir grande preço ou valor a.

Então por que desvalorizam o sentido de "apreciar/apreciação"? Por causa de depreciar/depreciação, parece claro. Depreciação é a redução do valor ativo em consequência de desgaste pelo uso, obsolescência tecnológica ou queda no preço de mercado — geralmente de máquinas, equipamentos e edificações.

Diante disso, o pessoal da área econômica se apressa a desonrar "apreciação" como antônimo de depreciação, que não é.

Ou melhor, não era, porque o *Dicionário Houaiss* admite que "apreciar" e "apreciação" já carregam o sentido a eles atribuído pelos tecnocratas. É assim mesmo. O uso faz a língua, e não há o que reclamar. Ainda que tal uso seja discutível e resulte da cópia literal de outra língua. É assim mesmo: as línguas se interpenetram.

O uso de apreciar e apreciação com sentido de valorizar e valorização constitui anglicismo, filhote do economês. Ocorre que o verbo inglês *appreciate* é utilizado nas diversas acepções de apreciar e também como antônimo de depreciar: valorizar-se, subir de preço; aumentar o preço de mercado. E *appreciation* também tem o sentido correspondente a aumento de valor.

Por isso, nos casos de semelhança entre a palavra inglesa e a portuguesa, embora de sentidos diferentes, os economistas a utilizam na forma nacional, embora com sentido inglês/americano. Quando as palavras ou expressões inglesas/americanas que mais usam não têm correspondência fácil em português, adotam a forma original sem mais esforço, misturando-as alegremente no texto escrito em língua parecida com o português.

Por isso, muitas editoras de revistas e jornais continuam resistindo ao uso de "apreciar", "apreciação" com esse novo significado trazido do inglês pela moçada da economia. Os manuais de redação recomendam aos redatores e repórteres que em reportagens e textos se deve falar e escrever "valorização" e "desvalorização"; "valorizar" e "desvalorizar" a moeda. Mas é difícil: a moçada é seduzida pelo economês e se rende aos técnicos.

Em suma, não é preciso espanar a rosca de apreciação como fazem economistas. As palavras indiscutíveis para as duas noções antagônicas em bom português por enquanto são valorização e desvalorização, que muito leremos ainda nas apreciações perfeitas dos economistas que estiveram lá e sabem das coisas.

Qual é o gás mesmo?

O TÍTULO DA REPORTAGEM diz que o maior agente poluidor do ar em São Paulo é o motor dos veículos, que expele monóxido de carbono. Mas o subtítulo e as ilustrações, referindo-se ao mesmo gás altamente tóxico, registram a fórmula CO_2. Ligeira distração. A fórmula do mortal monóxido de carbono é CO, que indica um átomo de oxigênio e um de carbono por molécula, num deletério casamento monogâmico. CO_2 é outra coisa; é fórmula do dióxido de carbono — dois átomos de oxigênio e um de carbono por molécula.

Basta lembrar que o prefixo "mono" significa só, um só, e o "di", ou "bi", duplicidade, divisão por dois. Monocarpo (que só tem um fruto), monocromo (de uma só cor), monocultura (cultura de um só produto agrícola), monógamo (que tem uma só mulher) etc. Dicotomia (divisão em dois), dígamo (que participa dos dois sexos), dígono (que tem dois ângulos), dióxido (óxido que contém dois átomos de oxigênio na molécula) etc.

O dióxido de carbono, CO_2, convém repetir, é um gás inodoro, incolor e não tóxico, exalado pelos animais e absorvido pelas plantas que renovam o ar por meio da fotossíntese, convém lembrar.

E daí? Daí que faz alguns anos a moçada saía da escola básica com noções de física, química, matemática e até, vejam só, de português: aprendiam a escrever razoavelmente. E os repórteres costumavam ter dúvidas, coisa muito boa. Era o velho desconfiômetro, que soava como sino quando escreviam palavras de grafia meio rara — caxorro, por exemplo — ou fórmulas químicas e equações tortas. O sino forçava o escriba a eliminar a dúvida com a consulta ao dicionário, à enciclopédia ou ao especialista. Costumava dar certo.

Agora parece que os desconfiômetros se perderam com os sinos. Rapidinhos, como não devem ser certas coisas, distraídos ou esquecidos do que aprenderam ou pensam ter aprendido, os repórteres e redatores confiam nos computadores e em seus sistemas internos de correção. E dançam. Ou melhor, os leitores dançam. O que se há de fazer? Rir ou chorar. À vontade.

DEVIDO AO DOLO

A NOTÍCIA DE JORNAL duas vezes trágica foi a seguinte:

> *Uma pessoa morreu devido a um atropelamento ocorrido às 17 horas...*

No parágrafo seguinte, a indicação do nome do motorista que apostava corrida na rua, perdeu o controle do carro e atropelou várias pessoas. E mais informações:

> *O estudante [...] foi preso em flagrante, acusado de homicídio doloso — quando não há intenção de matar.*

Por que duas vezes trágica? Primeiro, porque alguém morreu num acidente provocado por um ser com QI de tico-tico. Depois, porque a forma da nota é juvenil, talvez produzida por um computador atacado por cólicas espirituais.

Quer dizer então que "uma pessoa morreu devido a um atropelamento"? Estranha forma de escrever. Nesses casos tristes as pessoas morrem atropeladas, são atropeladas. Ou será que esse computador escreve que "uma pessoa morreu devido a um assassinato"? Ou "devido a um tiro"? Ou "devido a uma guerra"? Ou "devido a um casamento"?

"Devido a" já é uma tristeza deselegante e arrivista quando substitui "por causa de" ou "em consequência de" numa frase quase higiênica como "ela chorou devido ao tombo". Na notícia, com a confusão entre causa e efeito, ficou pior do que juro de empréstimo de banco ou de cartão de crédito.

Discutível também foi o computador xpto não ter registrado o nome da pessoa atropelada no começo da notícia, e sim no penúltimo parágrafo da nota de quarenta linhas. Não faz mal. Pior foi ter revelado que o atropelador foi "acusado de homicídio doloso — quando não há intenção de matar". Pequeno engano. Doloso é crime intencional. "Dolo" é a ação praticada com a intenção de violar o direito alheio. Melhor não dar exemplos políticos porque a coisa iria longe.

O que o computador definiu, na verdade, foi o homicídio culposo, em que não há intenção de praticar um mal, mas imprudência, imperícia ou negligência. O homicídio culposo, portanto, é o involuntário.

Considerando tais coisas, terá essa notícia saído assim "devido ao" fato de alguém ter apertado as teclas de um computador doloso?

CADA MACACO NO SEU GALHO

SE OS PARTIDOS NÃO tiverem seus representantes, o próprio presidente da Câmara nomeará os deputados para as comissões, de trinta membros cada.

Não fica bem utilizar "cada" sem o "um" que lhe dá apoio nesse caso, como fez o computador. Se não tivesse se distraído, teria escrito "[...] trinta membros cada uma".

"Cada" é sempre pronome de função adjetiva, isto é, acompanha substantivos ou equivalentes, por isso não aparece isolado como os pronomes substantivos, que substituem nomes, ficam no lugar deles. São os pronomes, também indefinidos, mas substantivos, como "alguém", "todos" e outros da mesma natureza, além, claro, dos pronomes pessoais como eu, tu, você etc. Esses podem substituir nomes numa boa e estão aí para isso, efetivos como aquelas criaturas em que votamos para nos representar.

Alguém meteu a mão na grana do Orçamento.

Todos pecaram.

Como se vê, não é o caso de "cada". Portanto, jamais "trinta membros cada", "12 reais cada" e assim por diante. Jamais. Sempre, nesses casos de enumeração, formando parelha, a chamada locução pronominal indefinida, com "um" e com "qual": "cada um", "cada qual". E "cada coisa", "cada pessoa", "cada qualquer coisa".

> *Os deputados? Cada um deles vota desinteressadamente.*
>
> *Cada qual dá o que tem.*
>
> *Não se preocupe com o dia de amanhã porque cada dia tem sua própria carga de mal* (citação livre da Bíblia).
>
> *Cada macaco no seu galho.*
>
> *Cada coisa em seu lugar.*

Ou, como diria um otimista:

> *Os políticos são a melhor porção da sociedade que defendem.*

O DUBLÊ, O CÉU E A TERRA

HÁ PALAVRAS e expressões que entram na moda e circulam como muletas linguísticas durante algum tempo. Dublê foi uma delas. Muitos redatores andaram usando a palavra "dublê" para indicar que uma pessoa tem duas atividades: a principal e outra, não necessariamente relacionadas. Às vezes faz três coisas e mesmo assim recebe o título de dublê, como neste trecho de uma revista:

> *Dublê de cozinheiro, pastor protestante e apresentador de TV, Jeff Smith é o astro do mais popular programa culinário do mundo.*

Quem será que inventou esse uso infeliz para dublê? Quem foi que começou a chamar de dublês pessoas que fazem duas ou, pior ainda, três ou mais coisas? O Bin Laden? Não se sabe, mas passaram a repetir porque acharam que era bom. (Como o bom Deus, que no princípio criou o céu e a Terra e viu que era bom. Será que foi bom?) Mas não é bom. Não o céu e a Terra, mas usar dublê para nomear criaturas dinâmicas ou múltiplas. Não. Não é bom.

De acordo com os amantes dessa palavra com tal sentido, o Lula é dublê de presidente e ex-operário, assim como Fernandenrique foi dublê de sociólogo e presidente e o Jô Soares é dublê de humorista, escritor, radialista, ator.

Coisinha feia!

Por que dublê? Dublê é "pessoa que, pela semelhança com outra (ator, homem público etc.), a substitui em determinadas circunstâncias", diz o *Aurélio*. Dublê é o substituto. O mocinho tem de pular do velocípede, e um dublê atlético o substitui para que ele não se arranhe todo. Essa é palavra que vem do francês *double*, duplo, duplicado, dobrado, falso, dissimulado.

Conclui-se, portanto, que os papagaios e os rapazes que brincam com a palavra por achá-la bonita estão enganados. Pode ser que um dia dublê venha a ganhar a estranha conotação de dupla atividade, às vezes múltipla. Sabedeus.

"Ele" é masculino?

AO FAZER GRAÇA com o órgão sexual masculino, o pessoal do *Casseta & Planeta* O chamou duas vezes, em dias diferentes, de "pênis masculino".

Conhecem eles outro que não o masculino?

Por que O chamaram assim? Pelo que se sabe, não há hermafroditismo humano completo, isto é, seres com os dois órgãos sexuais razoavelmente desenvolvidos e aptos para o que der e vier. Nos casos esdrúxulos de hermafroditismo humano, sempre há predominância de um ou outro desses utilíssimos e festejados apêndices. Ou um funciona ou outro. Para certas atividades, às vezes nenhum.

Ele é Ele e sempre será Ele, sem a distraída classificação de masculino, feminino ou neutro. Pode eventualmente estar prejudicado, se O maltrataram, se O fizeram sofrer, se exigiram muito d'Ele, se O utilizaram indignamente, se o tempo inexorável ou as tristezas desta vida O tornaram irremediavelmente cabisbaixo.

Em condições normais de pressão e temperatura, Ele não precisa de classificações, a não ser eventuais, dependentes de Sua postura aqui e acolá. Respeitem-nO que Ele merece pelo muito que fez pela humanidade.

Resumos mutantes

Num jornal, um suplemento dedicado a diversões publicou a seguinte advertência sob os resumos de novelas da semana:

> *Os resumos dos capítulos, fornecidos pelas emissoras, estão sujeitos a alterações de última hora.*

Dá o que pensar. "*Os resumos [...] estão sujeitos a alterações de última hora.*"

Os resumos não são aqueles já eternizados em letrinhas de fôrma ali no jornal? O texto impresso pode mudar de repente? Quer dizer que, quando a pessoa estiver lendo o resumo, ele poderá alterar-se subitamente por artes maléficas, assustando o leitor? Ou mudará de um dia para o outro, se guardado? É isso? As editoras já estão equipadas com dispositivos capazes de modificar o texto do jornal entregue? Maravilha!

Um sujeito comum, sem imaginação e criatividade, imaginará que o computador se distraiu. Fome, hora de fechar, a gata esperando. (Ou o gato, quem sabe?) Se o computador se distraiu, talvez tenha querido dizer que os capítulos poderiam ser modificados, depois de publicado o material, de forma que os resumos eventualmente não corresponderiam a eles.

Mas nunca se sabe. A ciência anda tão adiantada...

Bagatela é muito ou pouco?

O QUE QUER DIZER BAGATELA? O trecho de uma reportagem antiga sobre o falecido Banco Econômico parecia confundir um pouco o sentido dessa palavra. Não importa quão antigo seja o texto, mas o que se pode aproveitar dele:

> *A equipe do Banco Central [...] indicou que, nos últimos anos, Calmon de Sá pode ter enviado para fora do Brasil a bagatela de 400 milhões de dólares.*

A palavra bagatela é sinônimo de ninharia, coisa de pouco valor. Do italiano *bagattella*, talvez de *baca*, baga, e o sufixo diminutivo *ella*. Baguinha, portanto. Essa é uma hipótese. Outra, a de que deriva do árabe *baguátil*, coisa insignificante.

Ocorre que começaram a usar "bagatela" com ironia, com sentido obviamente contrário ao dela, e então, de gracinha em gracinha, ela pelo jeito passou a significar coisa de grande valor para muitas pessoas.

Estaria o redator considerando que 400 milhões de dólares é muito ou pouco dinheiro? Estaria sendo irônico, como não se deve ser no texto noticioso para não confundir o pobre leitor? Seria demais para o leitor, já tão bem tratado pelos governantes e banqueiros.

Para uma operação bancária fraudulenta, 400 milhões de dólares parece ser muita grana, embora não o seja para alguns figurões por aqui, no governo ou fora dele. Por que então usar a palavra bagatela ligada a essa bufunfona? Será que o redator ganha tão bem que pode considerar 400 milhões de dólares uma bagatela? Quem não quer um emprego assim?

Teologia federal

O teólogo e professor Francisco Catão tomou um susto quando relia com especial enlevo o livro *Mysterium salutis* (O mistério da salvação), título latino do original alemão mantido na tradução brasileira da editora Vozes. A releitura da obra em seis volumes organizada por Johannes Feiner e Magnus Löhrer transcorria serena até o momento em que Catão trombou com a surpreendente expressão "teologia federal" no tomo V do volume IV. Como o havia lido antes em alemão, estranhou.

"Teologia federal"?, pensou com seus discretos botões. Seria uma teologia imposta por um poder federal neoliberal ou neossocial? Seria a "teologia federal" diferente de uma teologia estadual severa proposta por um governador de grandes olheiras porque pouco afeito ao sono? Ou diferente e mais ampla do que uma teologia municipal sugerida por um desses prefeitos empreendedores de naipe semelhante ao do inefável Maluf?

Não seria possível, concluiu Catão com dominicana tranquilidade. Por todos os bons anjos, não. Foi então conferir com o original. Lá estava *Bundestheologie*, que se traduziria bem por "teologia da aliança", porque *Bundes*, uma das formas de *Bund*, significa federação, acordo, mas também aliança. O pio tradutor talvez tenha sido influenciado pelo nome *Bundesrepublik Deutschland*, República Federal da Alemanha.

Ainda bem que, ao traduzir, o santo homem não se tenha influenciado pela onomatopeia, em que o som da palavra prevalece, às vezes com algum risco, pensou Catão piedosamente, permitindo-se perdoável dose de malícia. *Bundes*... Sorte também, o que daria no mesmo, não ter sido traído pelo falso cognato, aquilo que parece, mas não é. Por exemplo, *lunch*, em inglês, que significa "almoço", às vezes é traduzido por "lanche". Não ficaria bem traduzir a sonora *Bundes* por palavra semelhante em português, dada a transcendentalidade do assunto. Seria quase pecado. Mas teologia federal?

Pelas barbas do Lula!

Tropeço de quem?

Um analista político utilizou imagem musical para registrar em sua coluna tropeços num discurso do presidente da República:

> *Elevou o discurso uma colcheia acima do normal. Não uma, mas duas vezes.*

Semanas depois utilizou a mesma imagem referindo-se a outro discurso presidencial contra críticas ao governo:

> *O presidente manteve o discurso uma colcheia acima do normal.*

O analista talvez não saiba, e convém repetir, que colcheia não tem nada que ver com alteração do tom de voz. E era a isso que certamente se referia ao notar a presidencial irritação.

Colcheia é nome de uma das figuras representativas do ritmo, da duração, do tempo das notas musicais. As outras são a semibreve, a mínima, a semínima, a semicolcheia, a fusa e a semifusa, como já dizia Beethoven antes de ficar surdo. Depois de surdo, passou a falar pouco.

Como o redator quis dizer que o presidente alterou a voz, desapontado com a incompreensão de que se julgava vítima, deveria ter falado em elevação da voz em um tom, meio tom, uma terça, uma quarta, uma oitava.

A imagem com a infeliz colcheia tem tanto sentido quanto a hipotética tolice metafórica de que o presidente e sua equipe costuraram a administração que os eternizou como certa linha média do Flamengo, no tempo em que os times tinham linha média. Não dá.

BIQUINHOS ASSOBIANTES

O TÍTULO DA REPORTAGEM do caderno de variedades de um jornal foi o seguinte:

Danzig transforma horror em música.

Abaixo, o subtítulo:

O grupo de death metal traz suas letras satânicas e harmonias assobiáveis a São Paulo, onde toca terça e quarta.

Assobiar harmonias? Como assobiar uma combinação de sons simultâneos? Como assobiar uma união de acordes? Acorde, é bom lembrar, constitui uma união de sons que formam a harmonia.

O redator musical por certo quis falar em "melodias assobiáveis", porque melodia é uma sucessão de notas, por isso mesmo assobiáveis, cantáveis e choráveis, como chora, canta e assobia o Roberto Carlos desde 1946, sempre igual e cada vez mais cheio de bufunfa.

Harmonia, portanto, é a roupagem da melodia. Para assobiar uma harmonia o cidadão precisaria ter em lugar da boca vários biquinhos que emitiriam sons diferentes cada um deles, em tempos também diferentes. Faria grande sucesso em qualquer palco. Principalmente em circos, porque teria também três olhos, dois narizes e sete orelhas.

A ARTE DE FLEXIBILIZAR

TERIA MESMO o ex-presidente Fernando Henrique Cardoso dito ser ele o divulgador da palavra "flexibilizar" na pujante economia brasileira? Se disse, enganou-se.

Nos inesquecíveis governos de Sarney e de seu sucessor, o Grande Marajá de olhos rútilos, o destituído, que depois voltou ao Senado, onde andou brilhando, a moçada que compunha a equipe econômica já veio com estas em relação a preços: flexibilizar, flexibilização, flexibilidade. Bresser Pereira, Maílson da Nóbrega, tia Zélia Cardoso & Cia. utilizavam flexibilizar como sinônimo inovador e eufêmico de aumentar, elevar. Os preços, claro.

Passaram a ser raros os discursos ou declarações sobre reforma administrativa, fiscal, previdenciária ou qualquer outra em que os debatedores não sacassem rápido o tijolaço flexibilizar ou o paralelepípedo flexibilização. Eles gostam desses palavrões de sentido vago e os metem em qualquer buraco cinza para não dizer coisa nenhuma ou ser propositadamente obscuros, filhos da noite que são.

E flexibilizar, se os dicionários não estão furados, era, até então, tornar flexível, elástico, maleável. Flexível é o que se pode dobrar ou curvar, arquear. E flexibilidade significa capacidade de dobrar-se e até docilidade, brandura, compreensão, complacência.

Flexibilidade e flexível correspondem à ideia de movimentos em qualquer direção — não só para cima, como no começo interpretaram os gênios da economia no governo. É um movimento de vaivém, em todos os sentidos, do melhor, que é ótimo, ao pior, indescritível. O pé de bambu é flexível em qualquer direção que tome o vento, e não como os preços, que as rajadas da economia quase sempre tão bem dirigida não se cansam de elevar.

O fato é que, por extensão do movimento de vaivém, agora se entende que flexibilizar qualquer noção ou princípio significa atenuar seu sentido, diluir seus limites, amolecer seus fundamentos, espanar-lhe a rosquinha.

Quando o então ministro Bresser Pereira, por exemplo, falava em flexibilização da estabilidade dos servidores públicos, estava usando um eufemismo pouco sutil para significar a supressão, a extinção dela, sabemos todos, o que será bom para uns e mau para outros.

Na última vez em que a Madre Superiora ouviu essa história de flexibilizar, no anúncio de que "o monopólio do petróleo foi flexibilizado", pensou dentro de seus hábitos engomados:

"Se não fosse pecado praguejar, eu diria que 'flexibilizar é o raio que o parta!'"

Os ex-qualquer-coisa da área econômica são ótimos exemplos de pessoas que "flexibilizaram" as próprias ideias, como virou moda dizer. É maravilhoso ler o que escrevem Delfim Netto, Maílson da Nóbrega, Bresser Pereira, Gustavo Franco, Pedro Malan e outros que já estiveram lá. É como se depois de sair tivessem sido tocados por labaredas celestiais com as soluções que lhes faltavam quando empoleirados no bem-bom do poder.

Uma síntese do que propõem esses apóstolos do neoliberalismo em nossos jornais e revistas, em textos sempre claros e elucidativos? Simples:

- reduzir o tamanho do Estado;
- enxugar a máquina administrativa com a venda das estatais, principalmente as que dão lucro;
- reduzir os gastos públicos;
- estimular a produção agrícola, industrial e comercial;
- impor a verdade do câmbio;
- estimular as exportações sem desestimular as importações;
- estimular as importações sem desestimular as exportações;
- produzir superávit na balança de pagamentos, sem, contudo, restringir as importações;
- reduzir a taxa de juros;
- elevar a taxa de juros;
- estimular a poupança interna;
- controlar a entrada de dólares da especulação;
- estimular o ingresso de capital externo.

Seguindo esses conselhos e alguns mais que a imaginação deles criar, seremos felizes para sempre.

Pouco importa que algumas dessas bandeiras sejam opostas entre si, desde que se defenda uma de cada vez, num brilhante artigo ou numa brilhante conferência. Basta um pouco de "flexibilização". Gente criativa é assim.

MUITO PRAZER

O BOM CRONISTA de coisas da vida escreveu que passou "meses de procura prazeirosa". Aqui não importa de quê.

"Prazeirosa" com "i"? Será esse adjetivo derivado do substantivo sânscrito *prazeir*? Por acaso falamos ou escrevemos "valoirosa" ou "caloirosa", como os lusitanos perdidos nas selvas angolanas?

Há tanta razão para enfiar o "i" no prazerosa, de prazer, quanto em calorosa e valorosa, embora várias pessoas distraídas às vezes falem ou escrevam "prazeirosa". São pessoas criativas, modéstia à parte.

Essa é uma das várias palavras em que costumamos tropeçar. Outra, em que se escorrega não na escrita mas na fala, é perturbar. Sessenta e nove por cento das pessoas pronunciam "pertubar", devorando o "r" antes do "b", em todos os noticiários e novelas.

De "própio" e derivados nem se fala; assim também de "poblema". Se bem que "poblema" seja mais comum entre pessoas pouco ou nada letradas. Mas "própio" é próprio até do arsenal de FHC, um acadêmico bem-sucedido, que dificilmente fala próprio e apropriado, com os dois erres no lugar. Como ele, 88,67 por cento das pessoas falam "própio". Entre elas o presidente Lula: ao "próprio" dele também falta um dos dois erres regulamentares. Eventualmente, faltará o "s" final, se tentar dizer "próprios". Eis aí um ponto comum entre os dois, antes considerados de esquerda, fora o forte apego à economia de mercado.

Bebê a bordo

A revista semanal anuncia o desembarque do pesquisador brasileiro em Roma:

Debaixo do braço, ele levava um projeto de pesquisa.

Aí está o que se pode chamar de imagem de gosto discutível. A moçada quer movimentar o texto, fugir do trivial, criar metáforas, iluminar a própria obra, e sai algo assim, com o brilho de uma sopa de breu.

O amigo pesquisador não levou malas, uma pasta de executivo ou de cientista para guardar seu projeto? Levou o disco ou o alfarrábio assim, debaixo do braço? Que deselegância.

Melhor não usar metáforas do que usá-las singelas, atravessadas, esquálidas, diria nosso Conselheiro.

Tem de ser debaixo do braço? E se estiver calor, passaporte, passagens, maletas, o sujeito suando, o projeto escorregando, manchado... Imagem coalhada, de gosto azedo. Fosse o cidadão um francês com a baguete debaixo do braço, como costumavam eles andar sem sequer embrulhá-la, vá lá.

Ainda bem que o projeto não "aterrissou" na mesa do reitor. Ótimo também que o pesquisador não tenha levado o projeto "a bordo" de seu bolso, como gostam de escrever os redatores de uma ou outra revista. Num dia desses, saiu numa delas que uma dama vistosa estava "a bordo de um vestido vermelho". Sim, a bordo. Qualquer dia dirão de alguma senhora grávida que ela leva "a bordo" o futuro rebento. Uma graça.

Pontapé certeiro

Pontapé é um golpe que algumas pessoas às vezes têm vontade de dar no traseiro de seres desprezíveis. Mas o pontapé também pode relacionar-se com a arte de um mago da pelota. Um Pelé, um Garrincha, um Ronalducho ou um Kaká. Então ganha o nome de chute, do inglês *shoot*, atirar, disparar, arremessar. No entanto, lê-se numa revista que "[...] o Instituto Nacional dos EUA desembolsou US$ 3 bilhões para dar o pontapé inicial no Projeto Genoma Humano [...]".

Por que imagem tão sutil? É para combinar com o genética fina do Projeto Genoma Humano?

Seria bom lembrar que o processo de burilamento do texto exige algum cuidado para não se misturarem marretas com estiletes.

Em lugar de "dar o pontapé inicial" por que não dizer apenas "iniciar", verbo criado por Deus para isso mesmo?

"Dar o pontapé inicial" projeta a imagem de uma "otoridade" num gramado, às vezes ruim, cercado por bajuladores e observado por 22 cidadãos de pernas de fora e chuteiras à espera do começo da contenda. Ao redor, curiosos vários e assistentes diversos. Não combina com genes, a quietude de laboratórios e suas provetas.

O Conselheiro diria que metáforas e imagens variadas não devem ser pescadas num cesto por cegos. Ou melhor, por deficientes visuais. O resultado não costuma ser bom.

Regências indigestas

Uma das distrações mais comuns de pessoas que escrevem, até bons repórteres e redatores, é a mistura indigesta de regências verbais. De vez em sempre tratam de forma igual verbos de natureza (regência) diferente.

Regência, vale lembrar, é a relação de dependência entre duas palavras numa frase; uma delas, a regida, complementa a outra, a regente. Por exemplo, o verbo rege o objeto direto ou o objeto indireto e, eventualmente, complementos adverbiais. Isto é, alguns verbos às vezes precisam de ajuda para que lhes entendam o sentido.

Num exemplo negativo, um bravo analista publicou que o "[...] banqueiro percebeu e beneficiou-se do novo ciclo [...]".

Claro que se percebe *alguma* coisa e beneficia-se *de* alguma coisa. Se o analista estivesse tão preocupado com a forma do padrão culto, em que tenta escrever, quanto com a informação, teria escrito que o generoso vendedor de dinheiro "percebeu o novo ciclo e beneficiou-se dele". Ou "[...] beneficiou-se com ele".

Ou distraiu-se ou esqueceu-se da regência adequada ou foi traído pelo computador infernal ou preferiu a forma concisa que misturou no mesmo balaio um verbo transitivo direto (perceber algo) e um transitivo indireto pronominal (beneficiar-se de algo ou com algo). Verdade que alguns sábios defendem a forma concisa resultante da mistura de regências. Mas não parece ter sido por convicção que o redator a usou. Ou terá sido?

Seria medo de parecer rebuscado ou precioso como Coelho Neto ou Euclides da Cunha? Não haveria perigo. Ele não será confundido com um estilista, por isso jamais o chamarão de imitador de um desses autores.

EM OUTRA PUBLICAÇÃO, A LEGENDA DA CENA do filme explicava:

> *Clint Eastwood dirige e atua na comédia romântica* As pontes de Madison.

Por que será que alguém escreve assim? Ou melhor, por que um computador compõe algo como essa legenda? O velho e brilhante Clint dirige o filme e atua no filme. O verbo *dirigir* nesse caso é transitivo direto, como diria um especialista, por isso seu sentido costuma ser complementado pelo objeto direto, que se liga a ele sem a ponte da preposição, diretamente, portanto.

> *Barrichello dirige o carro, Dunga dirige a seleção com brilho e o povo dirige o resto.*

"Atuar" costuma ser verbo transitivo indireto e intransitivo: atua em, atua sobre.

> *O Executivo, o Legislativo e o Judiciário costumam atuar sempre bem, em benefício do povo.*

Renan Calheiros atua no Congresso pela modernização do país.

Os lobbies *atuam no Congresso e sobre o Congresso.*

Os picaretas do Congresso atuam discretamente, mas nem tanto.

Posto isso, o computador poderia ter escrito:

Clint dirige o filme... em que também atua.

Ou:

Clint atua no filme tal, que também dirige ou *de que é diretor.*

Há muitas variações sem que se atropele a regência indiscutível dos verbos, a baseada nos textos dos melhores autores, nem é preciso lembrar.

O ÂMAGO DA QUESTÃO

O JORNAL anunciou o seguinte:

Morte entristece Barrichello.

Esse título surpreendente, revolucionário até, é o de uma nota paralela, integrada ao conjunto que noticia a morte de um piloto em acidente. Pode-se dizer de qualquer forma que o título é de fato feliz, apesar de tratar de uma ocorrência muito triste. Então Barrichello não se alegrou com a morte? Os racionalistas empedernidos poderiam dizer que o redator mostrou seu lado mais simples ao desabar no fosso da obviedade tatibitate, do truísmo mais primário. Mas esse pode ser um julgamento precipitado.

Numa leitura mais profunda, bem profunda, profundíssima, percebe-se aonde o autor quis chegar: ao âmago da questão. Ele não se referiu apenas ao acontecimento em si, terrível porque afastou brutalmente um jovem do convívio dos seres humanos, e no entanto banal, porque inevitável, consequência da vida: nasce-se e começa-se a morrer. Referiu-se, sim, de forma à primeira vista singela, enganadoramente juvenil, à Morte em seu sentido mais amplo, metafísico. E assim acabou revelando quão sensível pode ser um ser humano de nome tão retumbante:

> *Morte entristece Barrichello.*

Não é só isso: aí estão juntos, de um lado, a Morte, finitude suprema para os incréus; do outro, o sonoro nome do renitente piloto brasiliano representando a Vida, a Esperança, a Humanidade:

> *Morte entristece Barrichello.*

Perfeito. É o jornalismo ultrapassando os limites da realidade.

A EDUCAÇÃO EM CARTAZ

"EDUCAÇÃO, UM ASSUNTO QUE Minas dá aula." Esse foi o fecho dos cartazes que o governo do estado de Minas Gerais mandou afixar há tempos em vários pontos de Belo Horizonte, com explicações sobre como paga bem os professores.

É possível que o redator educativo desse cartaz diga para seus alunos, se os tem:

> *Hoje vou dar aula uso preposições; amanhã dou aula como escrever cartazes sem erros.*

Talvez ele próprio tenha perdido as aulas "de" regência nominal ou "sobre" como casar preposições com substantivos, adjetivos e verbos, coisa importante para quem escreve e não tanto assim para boxeadores.

Como não há criatura que não tenha dúvidas de vez em quando sobre que preposição combina com que palavra, não fica mal consultar o dicionário. Há até dicionários especializados no assunto. Os de regência verbal e de regência nominal. Mas é preciso ter semancol, o vírus da dúvida que ataca os que leram alguns livros.

Enfim, se não tivesse havido sabotagem, o final apoteótico do cartaz deveria ser:

> *Educação, um assunto de que Minas dá aula.*
> Ou:
> *Educação, um assunto sobre que Minas dá aula.*
> Ou:
> *Educação, um assunto sobre o qual Minas dá aula.*

Pois não se dá aula "de" um assunto? "De" educação? "De" português? Ou "sobre" educação?

Portanto, se na oração introduzida pelo pronome "que" houver uma expressão que exija preposição, tal preposição tem de aparecer antes do "quê". Já que Minas dá aulas "de" ou "sobre" um assunto, uma dessas preposições deve comparecer antes do "quê".

Não se devem, pois, escrever coisas como:

> *A mulher, que eu vi os olhos, parece linda.*

E sim:

> *A mulher,* de *que eu vi os olhos, parece linda.*

Ou melhor:

> *A mulher,* cujos *olhos eu vi, parece linda.*

É claro que o redator educacional poderá dizer que a preposição, qualquer delas, está implícita, que houve elipse, recurso aceitável. Naturalmente. Só que nesse caso as preposições estão todas repousando nas gramáticas e nos dicionários. A Madre Superiora diria que em textos formais para o público, escritos por especialistas em educação, não cabem torneios, elipses e muito menos doses elefantinas de distração, que pessoas impacientes chamam de ignorância.

AFLIÇÕES DE UM TROMPETISTA

A REVISTA PUBLICOU a seguinte legenda:

No trumpete, o músico Sérgio Campanelli.

De onde tiram o "u" que enfiam em "trumpete"?, perguntaria um trompetista. De onde?

O engano é comum, e talvez não se devesse fazer pergunta provocativa como essa. Em todo caso, basta lembrar que não existe "trumpete" em português; é trompete, com "o" de coco. Assim os dicionários registram a palavra — "trompete" —, e assim a chamam os trompetistas.

Por que ninguém fala ou escreve "trumpa", "trumbone", "trumpista" e "trumbonista"? Todas essas palavras da mesma família têm "o" na primeira sílaba e ninguém se confunde com elas: trompa, trombone, trompista e trombonista.

Trompete vem da palavra francesa *trompette*. Alguns chamam o instrumento de pistom ou pistão porque é provido de pistons, o trompete de pistons, traduzido do francês *trompette à pistons*. É um caso de metonímia, em que apelidam o trompete com o nome de uma de suas partes.

Quanto a "trumpete", deve ser influência do inglês *trumpet*. O que fazer, se o inglês invade tudo?

De volta à legenda, era preciso informar que o cidadão com o trompete no bico é músico? Por que o legendeiro faz uma coisa dessas com os leitores? Se fosse um transeunte ou estivesse com uma banana na boca, talvez tivesse sentido informar que é músico. Ou, estando a soprar um trompete, se tivesse outra formação que não a de músico, seria o caso de informar aos distintos leitores: "Fulano de tal, lutador de sumô..." Sim, sim, é claro que o espaço e o tempo são curtos e que é preciso dizer algo. Mas é muito feio menosprezar a inteligência do nosso próximo. Muito feio.

O EMBAIXADOR E O COPO

QUANDO O EMBAIXADOR Sérgio Silva do Amaral, então porta-voz do presidente FHC, aparecia na TV, era impossível não sentir na hora uma enorme vontade de cair na cama e dormir, tal o entusiasmo com que ele portava a voz. Se os sem-terra invadissem a fazenda do presidente, tinha-se a impressão de que ele portaria a opinião presidencial com o mesmo ardor inflamado com que negou mais de uma vez a intenção de Fernandenrique de se recandidatar. Ou com que relataria uma visita de ETs verdinhos ao presidente no Palácio da Alvorada. Seria o embaixador entusiasmado assim com tudo quanto faz? Tudo?

Que vibração! Que vigor inaudito! Co'os diabos! Pois um dia, já ministro, para expressar a noção de relatividade das coisas, usou a velha imagem do copo com água pela metade. Disse então que o copo podia estar cheio pela metade ou vazio pela metade, dependendo do ponto de vista.

Cheio pela metade ou vazio pela metade? Coisa estranha, porque se o copo estiver vazio não haverá metade que o livre dessa condição indigente. E, se estiver cheio, estará repleto pela soma das duas metades felizes, diria nosso amado Conselheiro, de braço dado com Descartes.

É claro que o embaixador, não fosse prejudicado pelo calor flamejante de seu discurso, teria falado melhor em copo quase cheio ou quase vazio.

Não faz mal. A vibração às vezes gera imprecisões, perigo de que o embaixador quase certamente está livre.

Quebec tem acento?

Durante disputa comercial do Brasil com o Canadá, um ou outro locutor de rádio andou pronunciando o nome da Província de Quebec como "Québec", considerando mais forte, tônica, a primeira sílaba, como se o nome da província canadense e de sua capital fosse uma estranha mistura de paroxítona com proparoxítona. Melhor explicar: Quebec é palavra de duas sílabas, mas o "c" final, que deveria ser levemente pronunciado, ganhou uma força indecente na pronúncia brasileira, de forma que houve pessoas pronunciando algo como "Québeque", proparoxítona, que não é, mas como são mágico, trágico, príncipe, sábado, lógico e outras dos versos de Chico Buarque em "Construção", um dos mais belos poemas de música popular já construídos neste mundo. Que nos perdoem os fãs de Roberto e Erasmo Carlos. Ou de Chitãozinho e Xororó.

Mas o "Québeque" dos locutores distraídos talvez tenha sido culpa da *Folha de S. Paulo*, com seu efeito multiplicativo, que preferiu a grafia francesa "Québec", com o acento agudo francês indicativo de vogal fechada e não de sílaba tônica, sabemos todos. Quer dizer, em francês, a língua dominante em

Quebec (sem acento), pronuncia-se "Quebéc", mas escreve-se "Québec", como a *Folha* e os quebequenses. Outros jornais e revistas nativos escreveram Quebec em português.

Alguns curiosos poderiam perguntar por que então a *Folha* não grafa também "Montréal", com acento, como no Canadá? Ou "Genève" em vez de Genebra, ou "Marseille" em vez de Marselha? Por que não "Belgique" e "Bruxelles", em vez de Bélgica e Bruxelas, e assim por diante?

Sabedeus.

A propósito, quando a seleção belga de futebol veio jogar no Brasil há alguns anos, um locutor esportivo anunciou com entusiasmo:

> Neste momento os *bélgicos* entram em campo!

HANIM DO AMOR PERDIDO

SAUDADE É SENTIMENTO expresso apenas na língua portuguesa. Eis aí uma afirmação ouvida frequentemente, até de estudiosos de literatura e do idioma.

Quer dizer, brasileiros e portugueses foram abençoados pelo bom Deus com a melhor saudade do mundo. A melhor, não — a única. Será?

O Brasil já tem o melhor futebol do mundo, o melhor voleibol do mundo, o melhor carnaval do mundo, as melhores mulatas do mundo, os melhores ronaldos futebolísticos do mundo.

Em certos círculos dizem também, talvez com alguma ironia, que a falta de terremotos e tsunamis é compensada com folga pelos melhores políticos do mundo, a melhor reforma agrária do mundo, a melhor distribuição de renda, os melhores banqueiros, o melhor sistema tributário, a melhor Justiça, o melhor Congresso, as melhores CPIs, o melhor ex-presidente e o melhor presidente do mundo. Entre outras coisas.

Com tanta coisa maravilhosa, por que teria "este país" também a melhor saudade do mundo? Seria injustiça.

Pois saudade, bela palavra pela delicadeza de seu significado, parece ter vindo do latim *solitatem* (de *solitas, solitatis*), que significa solidão, retiro, isolamento. Das formas arcaicas "soedade", "soydade", "soidade" e "suidade", teria passado a "saudade", talvez por influência cruzada de saudar ou saúde.

Ao escrever sobre o tema, um colunista de jornal afirmou: "[...] saudade, existente somente na língua portuguesa [...]". Repetia autores conceituados, mas distraídos.

É claro que o vocábulo "saudade", com as sete letras que o formam nessa disposição específica, só existe na língua portuguesa. O que ele tentou dizer é que não há, em outra língua, palavra de significado igual ao de saudade. Um engano.

Como não há sinônimos perfeitos na mesma língua, a não ser em alguns casos, talvez seja possível concluir, por isso, que não há em línguas diferentes palavras de perfeita equivalência para nominar certos sentimentos e emoções. Haveria pelo menos matizes que as diferenciassem umas das outras. Seria o caso, quem sabe, de saudade — sentimento que em outras línguas talvez não seja expresso por palavras de ocorrência e versatilidade semelhante e, sobretudo, de tão abrangente e suave carga semântica. Em suma, saudade teria significado mais rico do que o de palavras que designam o mesmo sentimento em outras línguas.

Pode ser. No entanto, o professor José Marques da Cruz, já no céu, informou em seu *Português prático* que os russos têm a palavra *toscá* com o mesmo sentido. Em alemão, há *Sehnsucht*; em árabe, *shauck*; *garod* em armênio; *jal* em iugoslavo; *ilgas* em letônio; *natsukashi* em japonês; *nedôstatok* em macedônio.

E no latim, falecido, mas não tanto, há *desiderium*.

Por que, então, brasileiros e portugueses, povos já tão abençoados por Deus, tão bem governados, teriam o privilégio de só eles sentir saudades?

Saudade é recordação nostálgica e suave de pessoas ou coisas distantes, de pessoas ou coisas extintas, acompanhada da vontade de revê-las e tê-las de volta; desejo de um bem que se perdeu, ainda que provisoriamente. É um sentimento de amor e de ausência. E obviamente universal.

A filóloga portuguesa Carolina Michaelis de Vasconcelos (1851-1925), nascida na Alemanha, já tinha definido em *A saudade portuguesa*:

> Plena concordância há... entre Saudade e a Sehnsucht dos alemães... Em ambas elas vibra maviosamente a mágoa complexa da saudade, a lembrança de se haver gozado em tempos passados, que não voltam mais; a pena de não gozar no presente, e de só gozar na lembrança; e o desejo e a esperança de no futuro tornar ao estado antigo de felicidade.

Em seu *Questões de português* (editora Saraiva), Silveira Bueno (1898-1989) anotou o vocábulo húngaro *sóvárgás* e lembrou que o francês pode usar *regret* e o italiano *nostalgia* para exprimir o sentimento da saudade. Napoleão Mendes de Almeida, também já no paraíso, registra em seu *Dicionário de questões vernáculas* (editora Caminho Suave) duas palavras árabes equivalentes a saudade: o aportuguesado *chauque*, de *shauck*, e *hanim*, palavra onomatopaica. *Hanim*, escreveu ele, "reproduz a voz da camela que ao chegar ao destino de uma viagem volta a cabeça na direção do lugar em que deixou o filho e expressa com um hanim, alto, longo e sentido, o pesar do afastamento."

"*Hanim!, hanim!*", temos vontade de balir alto, longa e lamentosamente, como a camelona saudosa, a cada governo que termina, depois de cumprir todas as promessas e pagar todas as dívidas sociais. Como eram bons os tempos de esperanças! Que saudades!

Hanim!

O ORADOR INFLAMADO

EM DIA NÃO MUITO distante em que Lula discursava, o analista observou que o presidente é "dono de retórica inflamada". Estaria ele sendo irônico? Não se sabe nem importa.

Lula e outros discursadores aflitos, que se julgam mais ou menos convincentes pelo tom exacerbado, são chamados com frequência de "oradores inflamados". Um deles, tenebroso, inflamadíssimo, talvez por razões químicas, corrido do palácio presidencial, era inflamado e ameaçador com seus olhos rútilos. Um horror. Agora anda circulando pelo Senado numa boa.

Orador inflamado. Fica-se imaginando um cidadão com a pele avermelhada ou arroxeada ou qualquer outra coisa que indique inflamação. Ou talvez pulando numa frigideira enorme. O problema da inflamação dos oradores, às vezes num púlpito com uma fogueirinha sob eles, é o lugar-comum, a estampa, o chavão. Nem é tão mau, mas sempre que se fala de um orador expressivo, ruidoso, contundente, entusiasmado, eletrizante, facundo, exaltado, excitado (no bom sentido), loquela, fluvial, agressivo — sacam da algibeira o "eloquente" ou o "inflamado". É sempre uma tristeza.

Canelada na língua

O narrador de futebol de TV diz do jogador que acabou de chutar a bola com o pé esquerdo:

> *Ronaldo bate na perna esquerda e a bola vai longe do gol!*

Se a bola foi fora é porque o Ronaldo bateu "na" perna em vez de chutar a redonda com o pé, como deveria ter feito.

O mesmo locutor e outros às vezes dizem que o jogador tal chuta com a perna direita ou com a perna esquerda.

Primeiro, bater "na" perna esquerda é dar chicotadas ou taponas nela para que se comporte. Quem sabe um chute com o outro pé. Enfim, bater "na" perna é dar um cacete nela com qualquer instrumento, mãos e pé inclusive.

Depois, chutar "com" a perna ou com a canela é um risco para a beleza do espetáculo. Quando não erra, o jogador chuta com o pé, que foi feito para chutar bolas, tomar ônibus e até andar por aí. Quando se bate na bola com a canela, é quase certo que ela espirrará torta e sobrará para o adversário, se não sair do campo maltratada.

Se o locutor ilustrado diz que o Ronaldinho chutou com a perna, poderá dizer também que cabeceou com o pescoço, porque impulsionou a cabeça com os músculos do pescoço.

Bobagem falar em metonímia, a figura de palavra ou tropo com que se substitui um nome por outro a ele relacionado; a causa pelo efeito, o continente pelo conteúdo etc. Na descrição realista de um jogo, pé é pé, perna é perna, cabeça é cabeça e bunda é bunda.

Metonímia ("Ele é bom de copo", que é igual a "Ele toma todas") é recurso para ser usado no momento e no lugar certos; metonímia não se confunde com confusão mental nem com desinformação nem com lugar-comum, diria irritada a Madre Superiora.

As fontes da paixão

O editorialista do jornal escreveu o seguinte:

> *[...] as novas exigências decerto não garantiriam, por si só, que a [...]*

"Exigências por si só"? Por que "exigências" no plural e "só" no desolado singular?

Um acidente editorial, nada mais. O "só" nesses casos funciona como adjetivo e portanto deve concordar em número com o nome a que se refere: singular ou plural.

> *Os olhos dela, por si sós, despertam minha paixão.*
>
> *O olhar dela, por si só, desperta minha paixão.*

O "só" equivale a "sozinho" e aos demonstrativos "próprio" e "mesmo", em construções semelhantes com o pronome "si": por si mesmos, por si próprios. Flexionam-se todos alegremente. Todos menos o invariável "si", que, no entanto, não deixa de ter valor plural.

Se o pronome "si" se refere a nome plural, embora não ganhe "s" por ter forma fixa, não afeta formalmente o demonstrativo, que vai para o plural a que se referem ambos. Como o "si" pode ter valor singular e plural (assim como o "se" e o "consigo"), é claro que continua invariável como Deus o fez, não importa o que aconteça ao redor. Assemelha-se àqueles juízes de tribunais superiores em seus palácios: impávidos, bastam-se a si mesmos, a si próprios, e não dão satisfações a ninguém.

Eles, por si sós, definem seus próprios benefícios.

Caso se trate de uma figura singularíssima, como um desses desinteressados presidentes do Senado ou da Câmara que decidem muita coisa sozinhos, e sempre decidem bem, pode-se dizer dele, singularmente:

O presidente decide, por si só, o que é bom para a Casa.

Pode-se concluir, portanto, que "[...] as novas exigências decerto não garantiriam, por si *sós*, que a [...]".

Distração do editorialista, claro.

Fascículos fazem coisas?

Fascículos autoencadernáveis são os que se encadernam sozinhos com mãozinhas automáticas ou por artes mágicas?

Por que algumas publicações que andaram distribuindo fascículos para atrair leitores se referiam assim a eles?

Pode parecer absurdo o uso do composto, autoencadernável, nesse caso. O prefixo grego "auto" (*autòs*) de fato sugere a automaticidade da encadernação. "Auto" significa "de si mesmo", "por si mesmo", sabemos todos. Daí autobiografia, biografia escrita pela própria pessoa; autóctone, natural do país em que mora; autógrafo, escrito original; autolatria, adoração de si mesmo, como se vê no mundo político; autocracia, que governa a si mesmo; autômato, que se move por si mesmo; autodidata, aquele que se instrui por si mesmo. E assim por diante.

Autoencadernável então deveria ser "que se encaderna por si mesmo", coisa difícil. Mas é preciso lembrar, por exemplo, "autosserviço", substantivo composto já incorporado à língua, que não significa serviço que se faz por si mesmo, mas um sistema em que as pessoas se servem, sem o auxílio de lojistas, como nos supermercados, e depois passam pelo caixa para pagar pouquinho pelo que apanharam nas prateleiras.

Então, por licença poética, conclui-se que "autoencadernáveis" são os fascículos que os leitores encadernam por si mesmos, ainda que de forma precária.

Paralelamente há substantivos como autopeça, autoescola, autoestrada e outros, formados com a abreviação "auto", de automóvel. Convém lembrar que automóvel é o nome que se deu a carros que andavam sem a necessidade de alimárias quadrúpedes para puxá-los, como no tempo das diligências e dos bondes puxados por burro. Automóvel, que se move sozinho, formou-se com o mesmo prefixo grego. Daí "auto" como abreviação de automóvel nesses compostos.

Há gordas distrações com o prefixo "auto", como a da palavra "autópsia", que significa etimologicamente "exame em si próprio" e ganhou a tumular significação de exame cadavérico. Para exame de cadáveres, é melhor usar a palavra "necropsia", com acento tônico (não gráfico) no "i". Do grego *nekrós*, morto, cadáver (às vezes governo, para algumas coisas.) Portanto, exame cadavérico.

Quando funciona como vocábulo independente, "auto" também significa ato público, solenidade; registro escrito e autenticado de qualquer ato. Em literatura, composição dramática originária da Idade Média, com personagens geralmente alegóricos, como os pecados, as virtudes etc., registra o *Aurélio*. Nesse caso vem do latim *actus*, ato, e obviamente não se relaciona com a abreviação de automóvel.

Por fim, é bom lembrar que o prefixo grego "auto-" se liga por hífen a palavras começadas pela vogal "o" (auto-observação) ou por "h" (auto-hipnose); se o segundo elemento começar por “r” ou “s”, essas consoantes se duplicam (autorrealização, autosserviço). Nos outros casos, gruda-se a elas como os políticos ao “pudê” (autoescola, autotransformar etc.)

Puro idealismo.

AIDS, Aids, SIDA ou Sida?

Por que algumas publicações grafam “Aids” assim, com inicial maiúscula? Talvez por analogia com siglas e acrografias de nomes próprios como INPS, PSDB, Arena. Arena, nome antigo do Pefelê, agora DEM, é acrografia de Aliança Renovadora Nacional, o então maior partido do Ocidente, que se desdobrou em alguns dos atuais em ação. Sempre em ação, deixa pra lá. (De acordo com o padrão formal da língua, devemos dizer “deixe para lá”, se usamos o verbo na terceira pessoa, como diria um mestre.) Deixa pra lá.

Voltando ao que interessa, acrografia, em linguística, é a forma de redução em que se procura criar uma espécie de abreviatura silabável composta pela reunião de elementos dos termos da expressão composta.

O dicionário *Aulete* a define assim: “Redução consistente, via de regra, na conjunção de segmento fônico inicial de duas ou mais palavras.” (“Via de regra”, seu Aulete? Coisa feia.)

Trocando em miúdos, juntam-se em geral as primeiras sílabas do nome ou expressão composta e obtém-se a acrografia dele ou dela. Mais miúdos: acrografia é a forma condensada e silabável de uma expressão composta de dois termos ou mais. Sudene, por exemplo, é a acrografia de Superintendência de Desenvolvimento do Nordeste. Assim como Senai, de Serviço Nacional de Aprendizagem Industrial, e Benelux, de Bélgica, Netherlands (Países Baixos, no bom sentido) e Luxemburgo.

E sigla? Também é obviamente a forma condensada de uma expressão, só que constituída pela reunião das iniciais dela. PSDB, PMDB, PTB, PPB, PT, por exemplo, são siglas de entidades que lutam pela nossa felicidade. Às vezes a sigla também é acrografia, porque silabável: Incra, de Instituto Nacional de Colonização e Reforma Agrária.

De volta à aids, a última edição do *Vocabulário ortográfico da língua portuguesa*, o *Aurélio* e o *Houaiss* registram aids, sigla ou acrografia de *Acquired Immunological Deficiency Syndrome*.

Não há razão para grafar com maiúscula o nome da doença ou sua sigla, a não ser pelo fato de que siglas se grafam normalmente com maiúsculas, e acrografias, só com inicial maiúscula. Ocorre que siglas e acrografias em geral correspondem a nomes próprios de entidades, portanto grafados com iniciais maiúsculas.

Os sábios portugueses, embora nem sempre reconhecidos como tal, grafam sabiamente a acrografia "sida", do nome traduzido da doença: síndrome de imunodeficiência adquirida. A mesma coisa fazem os povos de língua espanhola e francesa: entre eles também se fala e escreve "sida". É "sida" para uns e outros. Tanto uns como outros se revelam mais resistentes à influência do americanicismo incorporado sem cerimônia pelos brasileiros. O *Aurélio*, incoerentemente, anota "SIDA", com maiúsculas, embora registre "aids", e o *Houaiss*, sida, no verbete "aids", como sinônimo. Mas aponta em verbete próprio o substantivo feminino "sida" como nome comum aos arbustos e às ervas do gênero Sida, da família das malváceas.

Com base nessas considerações, a que conclusão chegar? Que não há razão para grafar nomes de doenças com maiúsculas. Escreve-se sarna, pefelite, sífilis, pemedebite, artrose, nepotismo, conjuntivite, petite, filhotismo, diabetes, pepebite, sida. Ou, se não há remédio para a subserviência linguística, aids.

Como "aids" já criou raízes, pode enquadrar-se no caso de "laser" (lêiser), sigla de "*light amplification by stimulated emission of radiation*" (amplificação da luz pela emissão estimulada de radiação), convenientemente escrita com inicial minúscula na matriz e nas filiais. É também o caso de "radar", acrografia de "*radio detection and ranging*" (detecção e determinação da distância pelo rádio). Portanto, se não for "sida" que seja "aids". Por que "Aids"?

Todos os seus joelhos

A JOGADORA ENFRENTOU um sério problema nos ligamentos de seu joelho esquerdo e depois teve problema semelhante em seu joelho direito.

"Seu" joelho esquerdo e "seu" joelho direito. Foi o que publicou um jornal. O uso de possessivos com partes do corpo é muitíssimo comum e constitui tolice galicística das maiores. Por que de "seu" joelho esquerdo? Por que em "seu" joelho direito? Sem falar no excesso que já é o indefinido "um" de "um sério problema", por que usar possessivos com partes do corpo?

A oração cheia de joelhos não é das mais elegantes, mas convém lembrar que a moçada dos jornais precisa escrever depressa e não tem tempo de polir a obra que, nesse caso, seria prima. Então, sem modificar sua estrutura, ela ficaria assim, despojada dos penduricalhos gauleses:

A jogadora enfrentou sério problema nos ligamentos do joelho esquerdo e, depois, teve problema semelhante no joelho direito.

O redator poderia enxugar um pouco mais o textículo:

A jogadora teve problemas nos ligamentos do joelho esquerdo e, depois, do joelho direito.

A donzela ferida poderia ter problemas nos joelhos da adversária? Talvez pudesse se fosse como um daqueles gêmeos univitelinos especiais, os irmãos corsos do Alexandre Dumas, pai: um dava uma canelada aqui, o outro gemia acolá; um amava aqui, o outro se esvaía alhures; um perdia o emprego aqui, o outro chorava em Pindamonhangaba. Aí, sim, um deles poderia dizer, para ser claro:

Quando ele machucou o joelho eu senti muita dor no meu.

Ou:

Eu tive problemas no joelho esquerdo dele e quase morri de dor.

Coisas como "cortar os meus cabelos", "pintar as minhas unhas", "machuquei a minha perna esquerda" são classificadas de superabundâncias sobejantes alienígenas. Especialidade daqueles estimados coronéis da política.

Claro que em certos casos o possessivo se encaixará com utilidade:

Meu joelho esquerdo está doendo.

Meu coração está cheio de tristeza.

Para aqueles que têm a mulher como parte de si mesmos:

Minha amada me dói muito.

Para resumir e deixar claro: partes do corpo rejeitam o possessivo em português. Se não houver intenção de fazer graça, não fica bem dizer como Woody Allen, que tenta e consegue fazê-la:

Vou escovar todos os meus dentes.

Nas duas orelhas

Uma das distrações mais comuns entre os falantes, até repórteres de rádio, TV, jornais e revistas, é a de que alguém se feriu nas duas pernas, nos dois braços, nos dois olhos, nas duas orelhas, nas duas nádegas.

Por que "dois" braços, "duas" pernas? É preciso enumerar? Se a vítima tiver mais de dois desses úteis apêndices, convém dizer que se feriu em dois ou três deles ou delas, especificando-se até se foram os do meio, das extremidades ou alternados. Será informação muito boa.

Chutar por sobre?

BATER OU CHUTAR "por sobre" o gol, como proclamam os narradores de futebol, é coisa que se diga sem ofensa à amada língua?

Já faz tempo, o comentarista econômico Joelmir Betting, que adora metáforas e escreve bem, escreveu a propósito do festejado socorro do governo aos bancos que "os estressados correntistas do Banco Econômico da Bahia, o indestrutível, vão poder sacar mais R$ 15 mil por sobre os R$ 5 mil anteriormente protegidos. Bingo". Sim, escreveu "por sobre" e ainda tascou seu velho e irônico "bingo".

Estranho o "por sobre"? Pode ser. A expressão "por sobre" compõe-se de duas preposições e costuma ser usada por narradores de futebol. Por que não chutar apenas "sobre" o gol, quer dizer, por cima dele, já que a pontaria é ruim ou o gol é pequeno?

No entanto, embora se diga que os locutores e narradores esportivos são distraídos e que às vezes maltratam um tanto a língua, o uso da locução prepositiva "por sobre" comprova que eles frequentam os clássicos, que a usaram muito. Assim como usaram "por entre", "por baixo", "por cima" e outras. Essa preposição dobrada faz parte da tradição da língua, ainda que pareça redundante, seja curiosa e de fato soe estranho.

Em todo caso, é bom saber que, quando não estão narrando jogos, os locutores esportivos sacam da estante um legítimo Vieira, um frei Luís e Sousa, um Machadão, quem sabe um Gregório de Matos boquirroto ou um Millôr, e circulam "por entre" as páginas deles com familiaridade insuspeitada, esmerando-se no domínio da língua. Mais respeito com eles.

O ANU COM A GARÇA

A HISTÓRIA É ANTIGA, mas evoca questões de interesse permanente. Quando o Projeto Sivam (Sistema de Vigilância da Amazônia) estava em fase de discussão, FHC na presidência irritou-se com as acusações de favorecimento a uma empresa norte-americana e disse que "não podemos voltar para trás".

Para trás, não. E para a frente?

"Voltar para trás" equivale a "sair para fora", "subir para cima", "descer para baixo", "entrar para dentro", "sentar-se com a bunda", clássicos exemplos do velho pleonasmo vicioso. Pleonasmos dessa natureza são conhecidos também pelos apelidos de batologias, perissologias e tautologias.

Coisas assim só se dizem por distração. Ou sob o domínio de "violenta emoção", de quem se indigna mais com as acusações do que com o resultado das apurações; mais com o "grampo" do que com a grossa picaretagem revelada. Há vários casos em passado recente ou remoto, a escolher em qualquer dos poderes da República, no passado ou no presente.

"Violenta emoção", aliás, faz parte do jargão jurídico-policial. Sob "violenta emoção" o que se faz e diz de bobagens é uma grandeza. O pai da pátria poderia ter dito "voltar no tempo", "voltar às velhas práticas corruptas", "voltar à vaca-fria". Até "voltar à intolerância com a oposição".

Disse mais FHC. Acusou democraticamente os tais críticos de ter "espírito de corvo" e depois falou que tinham "vontade de sentir cheiro de carniça", uma "carniça que exala da consciência malsã". Cacilda!

Houve aí certa confusão de anus com garças. Quando falou em corvo, FHC queria se referir ao nosso urubu ou ao abutre de outras paragens. O poético corvo cantado por Edgar Allan Poe (1809-1849) é ave negra que não tem gosto por carniça nem parentesco com o urubu ou o abutre, ambos carniceiros e porcalhões, por isso extremamente úteis. Dizem até que são muito mais úteis do que certos representantes legislativos. Porque eles, os urubus e abutres com penas, comem sua carniçazinha, evitando epidemias, desinteressadamente, sem pedir nada em troca. Tampouco entoam o refrão desesperançado do corvo de Poe, chorando Lenora: "*Nevermore!*", "Nunca mais!", "Nunca mais!", "Nunca mais!". (O corvo é ave capaz de aprender algumas palavras, como o papagaio.)

Na verdade, alguns de nossos urubus engravatados falam, sim, em coro permanente, desde as capitanias hereditárias: "Quero mais!", "Quero mais!", "Quero mais!".

Luzia na horta

As expressões "face a" e "frente a" são usadas com frequência por articulistas ilustres:

Face às carências sociais do país, o Bolsa Família...

... face às ainda elevadíssimas taxas...

... frente à invasão da Amazônia...

... independência frente ao Tesouro...

A maioria dos especialistas considera impróprias tais expressões.

"Face a" e "frente a" não costumam ser usadas por bons autores. Não se sabe quem as inventou. Uns dizem que foi o Maluf, outros, o Jader Barbalho, outros, o Renan ou o Quércia, o Garotinho, o Sarney... O que se sabe é que essas locuções resultam do encontro sorrateiro de expressões alienígenas. Exóticas ou exógenas, diziam os militares naqueles tempos. Mas isso já faz parte da História.

Claro que a língua recebe contribuições todos os dias. Muitos políticos também. Mas são bem-vindas as contribuições que revelam novos matizes e não trombam com o que a língua já tem de bom e de sobra, diria o preclaro Conselheiro Acácio.

É possível que tais expressões tenham sido inoculadas por criaturas perversas nos computadores dos que as usam. Talvez alguma nova modalidade de grampo computatorial com poder de interferir no texto.

As boas expressões correspondentes à ideia que esses dois pares de palavras parecem expressar são "em face de", "diante de", "ante", "perante".

> *Diante das (Ante as) carências sociais do país...*
>
> *Entretanto, em face das ainda elevadíssimas...*
>
> *... ante a invasão da Amazônia...*
>
> *... independência perante (ante) o Tesouro...*

Quanto a "em frente de" ou "em frente a", também registradas e abonadíssimas, em geral são ligadas a ocorrências físicas. Há autores que consideram "frente a" equivalente a "em frente a", por julgarem subentendida a preposição "em". Melhor ficar com a maioria: "em frente de" e "em frente a".

> *Entregou a mala preta ao senador* em frente *à casa dele.*
>
> *O indispensável coronel maranhense foi visto* na frente do *Senado.*
>
> *Encontrei Luzia sorrindo* na frente da *horta.*
>
> *Avistei Luzia de longe* em frente *à horta.*

SERÁ O CURRÍCULO?

NUM DIA DESTES, honrados senadores e deputados defendiam com grande veemência o direito deles a reajustes salariais muito acima dos níveis da inflação, além de gordas vantagens paralelas. Algumas pessoas os ouviam e comentavam o assunto. É horrível dizer, mas as mães dos nossos "representantes" foram lembradas constantemente pelo grupo. Depois, a propósito do currículo de um ou outro, passou-se a discutir sobre a conveniência, ou não, de utilizar a expressão latina *curriculum vitae* (curso da vida) e seu plural, *curricula vitae*, assim, cruamente, como Nero e Calígula a exigiam antes de espetar as vítimas.

Curriculum vitae, sabemos todos, é expressão que se incorporou à linguagem comercial e acadêmica para definir o conjunto de informações e habilitações referentes a alguém, estudante ou candidato a uma vaga.

Ocorre que a expressão foi absorvida, aportuguesada e reduzida — currículo/currículos —, por isso poderá parecer pedante utilizar a forma latina, principalmente no plural (*curricula vitae*), que soa mais estranho depois que os romanos foram derrotados pelos bárbaros e que a missa passou a ser falada em português. (Currículo, sabemos todos, também significa parte de um curso literário e conjunto de matérias constantes de um curso.)

Será exato e justo falar em currículo ou *curriculum vitae* na referência aos nossos pais da pátria ilustres?

Os jornais, que registram as peripécias dos nossos queridos defensores em Brasília e adjacências, publicam também anúncios de ofertas de emprego. Neles, costumam-se usar, em vez de *curriculum vitae*, as iniciais c.v.: "mandar c.v.", "trazer c.v.".

Pela natureza do pessoal que circula nas esferas do poder, parece inexato falar em c.v. É só lembrar o então deputado Sérgio Naya, já morto, o então senador Luís Estêvão, um tal de Hildebrando Paschoal, que serrava partes dos desafetos vivos, e vários outros ainda em ação. Diante de tais nomes e de outros, inesquecíveis, parece mais justo falar em f.c.: folha corrida. Só para ser mais exatos. Que tal?

Não à toa o duríssimo jornalista e crítico norte-americano Henry Louis Mencken (1880-1956) disse serem os políticos uma das formas mais baixas de vida no planeta. Um tanto mal-humorado o Mencken, mas, diante do quadro, é difícil discordar.

O AVAL SUSPEITO

COISA DO PASSADO, mas o repórter ou redator espancou a língua ferida e mal paga mais de uma vez num só período, e isso sempre interessa.

> *O Banco Central suspeita que o Banco Econômico tenha sido aval de empresas 'fantasmas' – sem registro legal – brasileiras na contratação de empréstimos com o único objetivo de desviar recursos da instituição para paraísos fiscais.*

Primeiro, o plural do nome composto "empresa-fantasma", no trecho sem hífen, é "empresas-fantasma". Basta lembrar que esse nome é formado por dois substantivos, e o segundo transmite a ideia de finalidade ou semelhança em relação ao primeiro. Nesse caso, só o primeiro recebe o sinal de plural. Como em "canetas-tinteiro" e semelhantes. No entanto, como é nome composto por duas palavras variáveis, os dicionários registram também "empresas-fantasmas", assim como "canetas-tinteiros". E assim por diante nos casos equivalentes.

Depois — o que mais interessa —, curiosa a expressão "tenha sido aval". Aval é garantia que uma pessoa (ou instituição) dá a outra de que pagará a dívida se ela não puder fazê-lo. A garantia concretiza-se pela assinatura do avalista, a pessoa que dá a garantia no título de crédito.

Por isso supõe-se que o falecido Banco Econômico tenha sido o *avalista* e não o aval; aval é a própria garantia; avalista é o banco, se por ele assinaram os diretores autorizados a fazê-lo — ficaram todos pobres, coitados.

Então, o redator talvez escrevesse sem a contaminação do economês que o Banco Econômico deu ou concedeu aval ou que foi o avalista, se é que pode ser verdade uma coisa feia como essa, por todos os santos da Bahia.

Aval, a propósito, é contração da expressão francesa *à valoir*, que significa "por conta", dizem alguns sábios.

Estranho também, embora pouca gente estranhe, o fato de o Banco Central (BC), uma entidade impessoal, ter suspeita. Claro que se subentende que alguém do BC — o presidente ou algum diretor oculto nas sombras — tenha suspeitado de qualquer marotagem nos negócios do banco fiscalizado, coisa difícil de acreditar, pois sim.

Por que o redator não escreveu que o cidadão tal, do BC, ou a nota do BC assinada por tal ou qual criatura revela suspeita de que os dirigentes do Econômico — quais? — talvez não sejam anjos?

A não ser em casos específicos como esse, não é tão estranho. As entidades são comumente animizadas e expressam opiniões, fazem coisas. Quase sempre, por exemplo, o Banco Central *decide* elevar ou baixar os juros, e estamos conversados. E o banco tal desvia recursos para paraísos fiscais. O banco, não o dono ou os responsáveis. Apenas o banco, essa magnífica entidade incorpórea. Assim que é que é bom.

Não tão mau para as instituições mas bem mau para a língua foi a regência com que o redator castigou o verbo "suspeitar" no rico parágrafo. Suspeita-se *de* alguma coisa, porque tal verbo é transitivo indireto nesse sentido e precisa do auxílio da preposição "de" para não afundar como o Econômico, o Banespa, o Banerj, o Comind e quetais:

> *O BC suspeita* de *que o Banco Econômico tenha sido o angelical avalista de pobres empresas fantasmagóricas...*

Com alguns verbos, o Lula e outros políticos costumam enfiar preposição a mais: acho de que, penso de que, imagino de que e outros transitivos diretos que repelem a preposição como alguns bancos repelem fiscalizações: acho alguma coisa, imagino alguma coisa, penso que a coisa vai muito bem.

De anjos e demônios

No filme *Deus é brasileiro*, de Cacá Diegues, baseado no conto "O santo que não acreditava em Deus", de João Ubaldo Ribeiro, o crítico tenta aprofundar a análise e desvia-se para a teologia e a anjeologia. "Anjeologia", ele escreveu. A teologia trata do bom Deus e de suas manifestações, mas "anjeologia" não existe. Engano do computador. Existe angeologia e, mais usada, angelologia, de ângelo ou angeo (do latim *angelus,* anjo)+logia, tratado sobre os anjos. O mesmo que angelografia. Quem sabe tenha feito um cruzamento com angiologia, o estudo dos vasos sanguíneos e linfáticos?

Talvez por falta de assunto, o crítico fala em angelologia para lembrar que todos temos um anjo da guarda, além de Deus ser brasileiro e nos visitar em pessoa às vezes, como mostram bem-humorados o conto e o filme. O fato é que, de acordo com a angelologia, anjo da guarda é a criatura encarregada por Deus de velar continuamente por uma alma humana em particular, defendendo-a e guiando-a. É menos conhecido pelo deselegante nome de anjo custódio, de custodiar, cuidar. É provável que muita gente, diante das aflições pessoais, tenha dificuldade para crer em semelhantes seres. Ou ache que seu anjo da guarda anda distraído. Pode ser, no entanto, que não siga, ou não consiga ouvir, os conselhos de seu anjo pessoal. Sabedeus.

Terá o tal de Kim, da Coreia do Norte, um anjo da guarda? E o destronado Bush? E o Bin Laden?

Falando em anjos, seria bom lembrar que para os antigos hebreus esses entes eram mensageiros de Jeová, também conhecido por Deus. A eles se oferecia hospitalidade, que agradeciam com promessas de prosperidade aos hospedeiros. A Igreja Católica ensina que os anjos são seres espirituais, criados antes do homem; eles viviam em estado de felicidade e graça, tal como alguns falsos anjos atuais encarnados e cheios de bufunfa.

O fato é que há bons anjos, como Gabriel, Miguel e Rafael, citados na Bíblia, e maus, muito maus, como Satanás ou Lúcifer, Belzebu e todos os demônios, a maioria dos políticos, banqueiros e usineiros.

Os bons anjos extraterrestres se classificam em nove categorias de importância decrescente: serafins, querubins, tronos, dominações, virtudes, potestades, principados, arcanjos e anjos.

A maior parte dos anjos maus, disfarçados de bons, já se sabe, faz coisas do arco-da-velha por aqui com o voto e o dinheiro do povão. Cuidado com eles.

O ATRAIDOR FAZ TUDO

EXISTE A PALAVRA "atraidor", escrita por um professor de História num artigo de jornal? Estaria o "atraidor" relacionado com neologismos como "acessar", "diretório", "deletar", "gerenciador" etc.?

Não. Essa é palavra bem formada, embora o *Aurélio* não a registre, provavelmente por desuso. O que não se usa costuma estragar-se, definhar, decair, murchar e morrer, como dizia a sábia Madre Superiora.

"Atraidor" é formado obviamente de "atrair" + "dor". Verdade que a última pessoa que usou "atraidor" foi frei Felipe da Luz, num sermão em 1625, em que aproveitava para condenar a corrupção nos meios políticos, grande novidade. Não faz mal. A palavra está registrada em outros dicionários para quem tiver coragem de usá-la. *Houaiss*, *Aulete*, *Melhoramentos*, *Morais*, *Cândido de Figueiredo*, *Antenor Nascentes*, *Laudelino Freire*, *Lello* e o *Etimológico de Silveira Bueno* são alguns dos dicionários que não se envergonharam de registrar o adjetivo "atraidor" (que atrai, atraente, atrativo) e também o substantivo (indivíduo que atrai; sedutor). Vários registram até o substantivo "atraimento", que significa atração, mas também arrebatamento, êxtase. É em estado de "atraimento", aliás, que Lula às vezes discursava dizendo que a coisa ia com ou sem crise. Será que ia?

Fiquemos no "atraidor", que dá mais certo. Por estranho que pareça, portanto, essa palavra não é invenção.

Por isso, quando o senador Arthur Virgílio considerou "atraente" o então deputado Delfim Netto, poderia ter dito "atraidor". Desconfia-se de alguma ironia no suposto elogio, que se seguiu a uma troca de gentilezas farposas.

Mas isso não importa. Nada importa.

A MULHER DE LÓ

UM REPÓRTER DE RÁDIO, desses que informam sobre a circulação de veículos na cidade, disse numa tarde melancolicamente chuvosa que o trânsito na avenida Marginal do Rio Tietê, em São Paulo, estava bastante parado. Sim, "bastante parado". Disse isso, e a vida continuou fluindo serena.

O que será trânsito "bastante parado"? Indicará carros parafusados no chão? Fixados com cola-tudo? Terão se petrificado? Isso aconteceu com a curiosa mulher de Ló. O bom Ló foi retirado de Sodoma por anjos com a família, porque o fogo divino ia assar os pervertidos sodomitas praticantes de coisas feias, mas nenhum dos retirantes poderia olhar para trás. A senhora Ló, curiosa, olhou e virou estátua de sal. Castigo divino. Aí, sim, pode-se dizer que ficou bastante parada.

O acidental "bastante parado" resulta do uso duvidoso de "bastante" como sinônimo indevido de "muito". Como eles dizem que o trânsito está "bastante congestionado", querendo dizer "muito", também impróprio para o caso, saiu esse simpático "bastante parado". Melhor seria ter dito apenas que o trânsito estava parado havia tantos minutos ou horas. Ou que estava muito lento.

"Bastante" significa "suficientemente", embora os dicionários lhe deem também o sentido de "muito". Nem sempre se pode substituir o advérbio "muito" por "bastante". Não fica bem. Uma criatura mais ou menos cuidadosa não dirá sem pensar que alguém está "bastante doente", "bastante gripado", "bastante feliz", "bastante triste" ou que é "bastante gordo". Quanto é suficiente de cada uma dessas qualidades ou estados? O pobre "bastante" não merece a situação de degrau intermediário entre "pouco" e "muito", como pode perceber qualquer pessoa simples desde que pense um pouco e não seja do atuante grupo "é dando pouco que se recebe muito". Mas não há o que fazer, porque o povo molda a língua, e as palavras mudam de sentido ou ganham outros com os usos e costumes.

No entanto, seria bom que repórteres de rádio e TV, muito ouvidos e imitados, esquecessem o advérbio e também adjetivo "bastante" em seus improvisos. O "pouco" e o "muito" já são bastantes para eles.

O CANTINHO DO CARRO

O TÍTULO DO TEXTO do jornal foi o seguinte:

Saiba de que maneira utilizar a vaga de garagem.

Bom título, se se imaginar que algumas pessoas distraídas poderão montar na vaga de garagem uma biblioteca, um dormitório, a cozinha ou um bom chuveiro. Isso não ficará bem.

"*Espaço é para guardar carros*", começa prevenindo o subtítulo, com o mesmo espírito de maravilhosa obviedade de que estava possuído o redator nesse dia. Depois melhora um pouco. Mas só um pouco:

... Motos e bicicletas precisam de lugar específico.

Muito bem. Belo conjunto.

O título e o subtítulo (ou olho) seriam menos involuntariamente engraçados se o redator temperasse a obviedade com algum molejo. Quem sabe algo como: "Você pode utilizar (aproveitar) melhor a vaga da garagem." Ou: "Utilize melhor sua vaga de garagem." Ou: "A vaga de garagem pode ser mais bem aproveitada (utilizada)." Ou até a velha fórmula: "Como utilizar melhor a vaga de garagem." Ou: "Não faça piquenique na vaga de garagem", "Não transforme a vaga de garagem em parque de diversões", "Vaga de garagem merece respeito", "Não faça da vaga de garagem uma arma", "Faça com sua vaga de garagem o que ela espera de você", "*Seja feliz com a vaga de garagem*", "*A vaga de garagem e você*", "A vaga de garagem precisa de carinho", "Guarde o carro, não seu cachorro, na vaga de garagem."

Como se vê, há várias possibilidades.

E o subtítulo?

> *Esse espaço foi projetado para estacionar carros, por surpreendente que possa parecer.*

Ou:

> *Se você guardar na área sagrada algo mais do que o carro, corre o risco de ser multado.*

Ou:

> *Os condôminos podem expulsar você do prédio se insistir em estacionar seu papagaio no lugar do carro.*

Que tal?

SOMAS E TABUS

"PARA SE CHEGAR AO NÚMERO de mortes violentas ocorridas no fim de semana, somou-se os dados das quatro unidades..." É o que anunciava a reportagem do jornal.

Distração do redator, claro. Ele não teve intenção de ser violento. Ele ou o computador viciado. Um ou outro se esqueceu de que nesses casos de verbos subjugados pelo pronome "se" apassivador (somar + se), a palavra seguinte no plural é o sujeito, que exige o verbo no plural, como aprendemos na infância. Essa é a análise recomendada nas lições normativas, apesar dos protestos de alguns linguistas; eles consideram o "se", nesses casos singulares, um índice de indeterminação do sujeito, de forma que o verbo no singular estaria bem posto. Por enquanto, a norma escrita culta, a língua oficial utilizada em jornais, livros de divulgação e concursos rejeita essa interpretação.

Por isso, para não ser original, ficamos com "alugam-se casas", "preparam-se boas nomeações", "vendem-se juízes, deputados, senadores, políticos, virtudes, picaretas, tomates, cargos, batatas, berinjelas". Coisas assim.

Portanto, "... somaram-se os dados...", que são plurais, equivale a "os dados foram somados".

Outra coisa: o primeiro "se" do período — "Para 'se' chegar ao número..." — é tão útil quanto têm sido os políticos para este país. Não tem função nem utilidade. O que ocorre com a frase caso se tire o "se" do "se chegar"?

O mesmo que sempre ocorre com os denunciados pela corrupção oficial: nada, brisas, bulhufas, lhufas, nonada:

> *Para chegar ao número...*

A frase fica limpinha, como limpos ficam todos os envolvidos em todas as picaretagens.

EM CASO SEMELHANTE, ASSIM ESCREVEU um especialista em tabus num de nossos matutinos:

> *Não é possível distinguir maus de bons tabus. Ao se derrubar os primeiros, arrasta-se os segundos.*

Bonito isso. Mas o primeiro "se" da frase ("Ao se derrubar...") é tão útil quanto os programas políticos compulsórios que enriquecem as noites televisivas em época de eleição. Sim, enriquecem, porque o povo vai ler ou fazer coisas proveitosas em vez de assistir a eles. O tabusista teria escrito melhor: "Ao derrubar os primeiros"...

Se tal "se" não estivesse sobrando, o verbo "derrubar", que o segue, deveria estar no plural, porque o sujeito dele seria "tabus"; é o que recomenda a variante culta da língua: "Ao se derrubarem os primeiros"... que equivaleria a: "Ao serem derrubados os primeiros tabus..."

Basta lembrar o centenário exemplo:

> *Alugam-se deputados por bons preços*
> Igual a
> *Deputados são alugados por preços vis*

No caso do segundo "se", aí necessário e indiscutível, repete-se o raciocínio deputatório. Nunca "arrasta-se os segundos", por não haver dúvida de que os bons "segundos" tabus são o sujeito plural, que merece o verbo no plural, como aprendemos na inocência da infância. Portanto, "arrastam-se os segundos", equivalente a "os segundos são arrastados", convém repetir.

Verdade que alguns estudiosos aceitam e até defendem formas como "arrasta-se os segundos" e "aluga-se deputados", porque é assim que o povo fala, e o povo faz a língua, dizem. Danem-se, pois, as velhas lições, e danem-se os supostos pais da língua, proclamam enfurecidos. Dane-se também o fato de o "se" tornar-se o sujeito da frase com o verbo no singular, chiam entredentes. Ou ser o "se" no caso talvez um indicador da falta de sujeito, bradam bravos.

Essa não deve ser a posição do redator dos tabus, que parece apenas ter escorregado no "se" e na concordância. De todo modo, como tratamos aqui da norma escrita culta, que rege o código oficial, seria bom continuar atento a ela, pelo menos nos meios de divulgação comuns. E que a revolução na língua chegue devagarinho, sem sobressaltos.

Políticos e embalagens

Um bom articulista escreveu: "... um mundo onde tudo é igual debaixo das embalagens as mais diferentes, onde nada muda sob a aparência de mudança fervilhante."

Por que "... das embalagens as mais..."?

A repetição do artigo com o superlativo "o mais", "os mais" é um velho galicismo sintático. Por que dois artigos com "embalagens"? "... (d)'as' embalagens 'as' mais..."

Teria ficado mais brilhante a análise se o computador francês tivesse escrito apenas "[...] debaixo das embalagens mais diferentes [...]" ou "[...] debaixo das mais diferentes embalagens [...]".

Não convém falar em boa língua brasileiro-portuguesa que "Aquele jornal tem 'as' mulheres 'as' mais bonitas do jornalismo brasileiro" ou que "Aquele editor usa 'as' gravatas 'as' mais belas do país."

Melhor dizer que "Aquele jornal tem as mulheres mais bonitas do jornalismo brasileiro" e que "Aquele editor usa as mais belas gravatas e roupas do mundo".

Outro exemplo de como *não* usar o superlativo relativo:

> *Os políticos "os" mais honestos do mundo são produzidos no Brasil.*

Deve-se dizer essa estimulante verdade fazendo o expurgo:

> *Os políticos mais honestos do mundo são produzidos na Pátria Amada.*

Um sábio em Nova York

O articulista John Allen Paulus, provavelmente norte-americano, escreveu para *The NYT Book Review* comentário de livros sobre o químico Linus Pauling (1901-1994), que recebeu dois Prêmios Nobel. O artigo reproduzido por jornal brasileiro comprova que a sabedoria, o equilíbrio e o bem-pensar não são privilégios do produto nacional bruto.

John Paulus acentua a insistência de Pauling em provar a excelência da vitamina C e termina assim o comentário:

> *Ele [Pauling] dizia que, enquanto a maioria dos mamíferos produz vitamina C, outros — entre eles o homem — perderam a capacidade durante sua evolução e precisam tomar grandes suplementos: 10 a 15 gramas diários. Linus Pauling morreu aos 93 anos de idade, apesar dos suplementos de vitamina C que tomava.*

Pois é, Linus Pauling, um dos maiores cientistas do século, morreu com 93 anos "apesar" de tomar muita vitamina C. Tomava vitamina E também, o que Paulus não diz.

Não é uma vergonha que Pauling tenha morrido com apenas 93 aninhos, embora tomasse suas bolotas diárias? Não chegou nem aos cem. Com tanta vitamina, deveria viver pelo menos mais 312 anos, não é mesmo? Melhor ainda, se queria comprovar a excelência da suplementação vitamínica, não tinha o direito de recolher-se ao céu. Nem agora, nem nunca.

Pelo pescoço

A nota de 13 linhas do jornal recebeu o seguinte título:

Cinto de segurança não deve apertar pescoço.

Esse é um título surpreendente, qualidade que os títulos devem ter sempre que possível e nos limites da verdade para agarrar o leitor pelo pescoço. Quando todos estávamos certos de que os cintos de segurança dos automóveis foram criados exatamente para apertar o pescoço das vítimas, vem o redator com a revelação:

Cinto de segurança não deve apertar pescoço.

Vivendo sempre se aprende.

Troca de recheios

Já faz tempo, revistas e jornais andaram anunciando que a princesa Diana, a falecida, aparecera "de *topless*". Reproduziram fotos dela com os seios à mostra, publicadas pela revista italiana *Oggi*, e disseram que ela estava "de *topless*". Por que "de *topless*"?

Topless, palavra composta inglesa, significa "sem a parte superior". Então a princesinha mal-amada em palácio e bem-amada fora dele apareceu "de sem a parte superior"? Só "de sem a parte de cima"? Seria a parte perdida da mulher-tronco? Quem ficou com a parte de cima?

Com um pouco mais de boa vontade, entende-se que ela estava "de sem a parte superior" do maiô, "de sem a parte de cima do biquíni". Afinal, as fotos mostram isso.

Com mais boa vontade ainda, desculpa-se a distração do "de" junto de uma palavra de outra língua que dá ideia de privação: "de" sem algo. Dirão que é bobagem ser tão literalmente apegado à letra, ao sentido literal da palavra. Sim, sim. Mas por que papagaiar e fazer confusão em outra língua se há recursos nesta para dizer as coisas?

Por que não dizer no português desta terra abençoada por Deus que a princesa apareceu com os seios de fora ou à mostra ou ao sol ou ao léu? Ou por que não dizer modestamente que ela apareceu sem a parte superior do maiô ou do biquíni, expondo quase todo o recheio que o eterno príncipe herdeiro trocou pelo da veterana e sábia Camillona?

Por que papagaiar?

Gil x Paulinho da Viola

Já faz parte da história da música popular, Gilberto Gil convidou Paulinho da Viola a travar com ele um duelo musical por causa de desentendimento entre os dois. O jornal então publicou nota lembrando que Noel Rosa e Wilson Batista participaram do primeiro grande desafio dessa natureza, "que rendeu cerca de seis sambas, entre eles os antológicos 'Feitiço da Vila' e 'Palpite infeliz'".

Quer dizer então que o duelo rendeu "cerca" de seis sambas?

Os computadores atuais fazem essas coisas com os leitores. Como não sabem exatamente o número de certo fato e não têm tempo ou disposição para pesquisar ou perguntar, expelem coisas como "cerca de aproximadamente mais ou menos seis". Ou meia dúzia.

Eles se esqueceram de que essas palavras indicadoras de imprecisão, aproximação ou dúvida só se usam com valores grandes e redondos, como os destes exemplos tirados de jornais:

> *As autoridades calculam que a empreiteira gastou cerca de R$ 50 milhões com propinas aos políticos.*

> *O governo norte-americano aplicou cerca de 22 bilhões de dólares para salvar a GM.*
>
> *O Brasil tem cerca de 20 milhões de trabalhadores desempregados e mais ou menos 30 milhões na economia informal.*
>
> *O Congresso instalou CPI para investigar o desvio de cerca de 30 bilhões de dólares por meio do Banestado.*

Vale também para decimais ou porcentagens sujeitos a oscilações. Principalmente quando se trata das tão certeiras previsões econômicas.

> *O ministro da Fazenda, Guido Mantega, prevê que o país crescerá cerca de 4 por cento em 2010.*

No caso dos sambas, o redator poderia ter disfarçado sua desinformação sem atropelar a lógica nem ofender os leitores, dizendo que o duelo gerou "pelo menos" seis bons sambas. Que tal? Porque "cerca de seis" pode indicar de 5,9 a 6,1. Ou, para ser mais preciso, entre 5,537 e 6,498 sambas.

A chegada de Saramago

O ESCRITOR PORTUGUÊS José Saramago, morto em 2010, chegou ao Brasil, e o jornal anunciou no título:

> *Saramago chega ao Brasil e recebe amanhã o prêmio literário Camões.*

Tudo bem. Em seguida atacou no texto, atropelando a regência do verbo que ele "chegou ontem às 11 horas em Brasília". Chegou "em" Brasília.

A legenda fez coro com o texto na regência ruim do verbo:

> *O escritor José Saramago chega no aeroporto de Brasília.*

"Chegar" é verbo indicativo de movimento para, rege a preposição "a". Quer dizer, usa-se "chegar" com a preposição "a" e não "em", nos casos em que ele exige preposição. Chega-se "a" algum lugar.

Eles chegaram a Campos do Jordão para a refinada festa da Gigi.

Cheguei a casa cedo ontem.

(Sem acento no "a" porque casa, lar, rejeita artigo e, portanto, a crase.)

A verdade é que os brasileiros começaram a chutar a regência tradicional "chegar a" e, inconscientemente, consideram que quem chegou já está lá; se já está lá, está "em". Portanto, usam chegar "em" na linguagem de cama, mesa, banho e botequim:

Cheguei em casa cedo.

O deputado chegou em Brasília para votar bem.

Mas, convém repetir, em textos escritos e formais, o verbo chegar não vive sem "a" nesses casos.

O deputado chegou a Brasília para defender o povão.

A MORTE E A PREVIDÊNCIA

QUE O COMPUTADOR FAZ confusão todos sabemos. O seguinte trecho desta tenebrosa nota policial ajuda a comprovar:

> *O corpo encontrado no rio estava putrefato. No bolso da calça jeans havia um crachá e outros documentos do estilista. Por isso, não foi possível constatar se havia sinais externos de violência no corpo — buracos de balas ou facadas. O IML (Instituto Médico Legal) deverá tentar saber a causa da morte e se houve assassinato.*

Quer dizer que "não foi possível constatar se havia sinais externos de violência" por causa do crachá e dos documentos? O que têm a ver o crachá e os documentos com as calças?

A história é mórbida, mas por que o confuso computador relacionou crachá e documentos com a possibilidade ou não de se verificarem sinais de violência?

Muito antigamente os pais da língua apontariam "constatar" como galicismo substituível por "verificar". Isso não importa.

Talvez importe concluir que o exausto e confuso computador tinha pronta a nota quando notou ter esquecido de registrar o encontro dos documentos. Abriu um buraco depois da segunda oração, separou coisas inseparáveis e emendou coisas inemendáveis. Mais ou menos como alguns de nossos valorosos representantes elaboram projetos de lei.

Que os corpos deles todos — todos — jamais sejam encontrados no rio Tietê ou no lago Paranoá, com ou sem crachá. Choraríamos muito. Muito mesmo.

O Alex tem moral?

Sempre se aprende muito vendo jogos pela TV. Um locutor disse, como diz sempre, que "Lúcio ganhou a jogada na moral".

Na moral?

Como sabemos todos, "a" moral difere de "o" moral.

O substantivo feminino "moral" pode ter dois significados:

1. conjunto de regras de conduta, de bons costumes ("Certos deputados e senadores ofendem a moral pública");
2. conclusão que se tira de uma obra ou fato, de uma fábula (Da fábula "República das Bananas" se tira esta moral: "O povo é apenas detalhe.")

O substantivo masculino "moral" significa brio, vergonha, coragem, estado de ânimo.

Nas disputas esportivas sempre se trata, portanto, de "o" moral como sinônimo de coragem, força, brio, vergonha, estado de ânimo.

Quando se referiu à botina pesada do zagueiro, o locutor se enganou de leve. Lúcio ganhou a jogada "No" moral, no peito, na coragem, no pé grande.

Em esportes, só não será estranho falar em "a" moral, e até amoral (sem moral) e imoral (contra a moral), quando a referência for a um ou outro dirigente especialista em maracutaias, pilantragens e manobras enriquecedoras à custa de atividades esportivas ou correlatas. Alguém já ouviu falar de algum cidadão desse tipo no Brasil?

A VITÓRIA DO LOCUTOR

O LOCUTOR ESPORTIVO de TV anunciou, entusiasmado como sempre:

O Cruzeiro vai vencendo ao Fluminense!

Ele sempre diz que um time está vencendo "ao" outro. Por que vencendo "ao"?

O verbo *vencer* rejeita a preposição. Ele recebe o apelido de transitivo direto. A ação transita diretamente para o objeto, sem preposição. Um time vence outro. João vence José. O Corinthians vence o Palmeiras ou vice-versa.

Se o locutor lesse frequentemente bons autores, diria: "O Cruzeiro está vencendo o Fluminense!"

Poderia também dizer bem, sem envergonhar sua antiga professora, já velhinha: "O Cruzeiro está vencendo!"

Nesse caso, estaria utilizando o verbo "vencer" como intransitivo. Quer dizer, um verbo que dispensa complementos, satisfeito consigo mesmo e com seu sentido. Tal e qual aquele deputado, que respondeu o seguinte quando lhe perguntaram por que defendia a aposentadoria de oito anos para os congressistas:

> *Não se metam!*

Claro, o dinheiro é deles, que façam o que quiserem. Por isso se pode dizer que o povo está vencendo. Sempre.

De caminhão, desde Miami

Um simpático jornal de São Paulo publicou na primeira página foto de meia dúzia de carros amarrotados por caminhão governado como o Brasil em seus melhores dias, isto é, à deriva, ao deus-dará. Sob a foto, a legendona:

> *Carros batidos vistos desde o caminhão que, desgovernado, provocou engavetamento de sete automóveis estacionados...*

Por que "desde" o caminhão?

Outro jornal contou que determinada empresa "*já operava no Brasil desde Miami...*"

"Desde" Miami?

A preposição "desde" não significa "de certo lugar" em português, como a usaram os redatores dessas notícias e como a usam alguns narradores esportivos que dizem:

> *Estamos falando desde Buenos Aires...*
>
> *Transmitimos desde Tóquio, no Japão...*

Esse é bom uso espanhol de "desde". Os padres Manuel Bernardes e Vieira a usaram assim há vários anos, mas isso acabou. Dos escritores clássicos em diante, incluindo atualmente Chitãozinho e Xororó, a preposição "desde" perdeu o sentido espanholado e passou a significar apenas "a começar de" e "a partir de".

"Desde" indica, portanto, movimento no tempo e no espaço. Mais frequentemente no tempo do que no espaço; quando indica movimento no espaço em geral pode ser substituída por "de".

Movimento no tempo:

> *Desde 1534 o povo espera que seus representantes e governantes melhorem.*
>
> *As mulheres querem igualdade desde que Eva fez aquela coisinha feia.*
>
> (Por que elas querem igualdade se são superiores?)

Movimento no espaço:

> *Dormiu no carro desde a praia até a cidade.*

Sobre uma viagem de trem:

> *Amaram-se com fúria desde Paris até Londres.*

Os locutores recalcitrantes, leitores de Bernardes e Vieira, deveriam esquecer esses autores e dizer:

> *Estamos falando de Buenos Aires..*
>
> *Transmitimos de Tóquio, no Japão...*

Assim também o redator da legenda escreveria bem que os carros estão sendo "vistos do caminhão" e o outro que, "de Miami, a empresa operava no Brasil".

Essa infeliz preposição é espancada também de outras formas. Não fica bem dizer ou escrever "Eu a quero desde há algum tempo", como já se leu por aí, nem, jamais, "Espero aumento desde de 2000". "Desde há" e "desde de" não existem no uso saudável da língua. O redator não se envergonhará se ele escrever ou dizer "Eu a quero desde algum tempo" e "Espero que ela diga 'sim' desde 2008".

Se é que interessa a alguém, "desde" compõe-se de "de"+ "ex"+ "de". Provém da antiga preposição latina "de ex", que significa "de dentro de".

"Desde" combina-se com "que", formando locução conjuncional "desde que": desde o tempo, o momento em que, desde quando. "Desde que" pode ser conjunção temporal, causal ou condicional.

Temporal:

Desde que partiste, minha vida ficou melhor.

Causal:

Desde que (= porque) *você recebeu propina, deve ir para a cadeia.* (Ficção pura.)

Condicional, com verbo no subjuntivo:

Você ficará livre da cadeia, desde que reparta essa bufunfa com a gente. (Realidade pura.)

Bom para ver e ouvir

Um crítico de cinema escreveu num dia destes a propósito do filme *Fé demais não cheira bem* que o astro Steve Martin "é sempre um ator bom de ver".

Às vezes um ou outro especialista em espetáculos diz coisas como essa. Diz que um filme ou show ou peça é bom ou boa de ver. (Ainda bem que o admirador de Steve Martin, que de fato é bom, não disse "bom de se ver", com o "se" apócrifo, inútil, parlamentar, como às vezes se vê, lê e ouve por aí.) Para que mais poderiam ser bons um ator, um espetáculo ou música senão para ver ou ouvir? Seriam bons para mordiscar? Lamber? Cheirar? Fumar? Chutar?

Eventualmente, se for uma bela atriz, poderia ser boa para fazer massagens nas nossas costas. E não basta?

O TIRO ERRADO

FOI O SEGUINTE o título da nota de jornal:

Adolescente leva tiro na cabeça de amigo.

O título apenas sintetizou a notícia da ocorrência aparentemente acidental, resumida na primeira frase da nota:

O estudante Sidnei Simões dos Santos, 15, levou um tiro na cabeça de seu amigo Leonardo Gomes Ferreira, 12, e está internado em estado grave.

A notícia é triste, mas não é fantástico que alguém leve um tiro na cabeça de outrem? (Quem usava "outrem" com sabedoria era frei Bartolomeu dos Mártires, 1514-1590.)

De vez em quando os redatores embaralham as palavras e produzem frases retorcidas como a mente daqueles rapazes que defendem os interesses populares no Congresso ou num daqueles palácios de tribunais de Justiça ou de Contas.

O computador sabotante tortuoso quis dizer apenas que "Adolescente leva de amigo um tiro na cabeça". Mesmo assim não é bom. Que tal "Garoto atira na cabeça de amigo"?

Isso nos faz lembrar o refinado general João Figueiredo, anterior ao grande Sarney na presidência, que disse ao lhe perguntarem o que faria se ganhasse apenas o salário mínimo: "Daria um tiro na cabeça!"

Com que dinheiro compraria um revólver se ganhasse o mínimo?

Como este país é venturoso! Que histórias! Que passado! Que presente!

O LOCUTOR LOCUTOU

O ENTUSIASMADO NARRADOR de futebol da TV explicou que Brasil e Uruguai se esforçariam "para evitar a toda-poderosa Argentina antes da final".

Sim, ele disse "toda-poderosa Argentina". Enganou-se, e não se pode criticá-lo muito porque improvisar ao vivo e em cores não é mole. Só que seria mais fácil se deixassem de inventar e falassem do que sabem. Um desses livros que discutem os enganos mais comuns da língua faria bem a todos.

O fato é que a Argentina já foi "todo-poderosa", como são "todo-poderosos" alguns pais da pátria e "todo-poderosas" algumas entidades e associações, principalmente em Brasília. A palavra "todo", com mais frequência pronome indefinido, em compostos como esse é advérbio que modifica o adjetivo (poderoso). E advérbios, como aprendemos desde cedo, permanecem invariáveis e impassíveis como o governo, qualquer governo, em suas vitórias higiênicas no Congresso. Nunca mais a antes todo-poderosa fisiologia. E o corvo disse:

"Nunca mais!"

Olimpíada? Melhor não

Olimpíada ou olimpíadas? Por que jornais, revistas e locutores estão utilizando "olimpíada" como sinônimo de jogos olímpicos?

São claros na distinção entre as duas palavras os dicionários *Aurélio*, *Caldas Aulete* e *Koogan Larousse*, em que Antônio Houaiss trabalhou antes do projeto do *Dicionário Houaiss*.

Aulete: olimpíada — "período de quatro anos que mediava entre duas celebrações consecutivas dos jogos e era adotado pelos gregos para a contagem do tempo depois do ano 776 a.C.". Olimpíadas — "jogos olímpicos modernos, que se realizam de quatro em quatro anos, de 1896 para cá".

Nem é preciso somar a eles o *Morais*, de 1813; *Domingos Vieira*, de 1873; *Cândido de Figueiredo* e o *Lello Universal*, do começo do século passado. Todos dizem a mesma coisa. E o *Dicionário Etimológico* de Antônio Geraldo da Cunha reforça o conceito de olimpíada: "espaço de quatro anos decorridos entre duas celebrações dos jogos realizados, originariamente, na cidade de Olímpia, na Grécia".

Alguns dicionaristas, entre eles Antenor Nascentes, Houaiss e Laudelino Freire, definem "olimpíada" como Aulete e companhia, mas admitem, como segunda acepção, que a palavra no singular também pode significar "a celebração das competições atléticas de quatro em quatro anos entre esportistas do mundo inteiro".

Somando-se os pesos e a etimologia, conclui-se que "olimpíada" é, sem dúvida, o período de quatro anos decorridos entre duas celebrações dos jogos olímpicos. E "olimpíadas", com um grande "s", o mesmo que jogos olímpicos.

Por que então se atribui a "olimpíada" o sentido de jogos olímpicos? Porque autores como Silveira Bueno e os lusos editores do *Morais* atual ignoraram a diferença e aceitaram "olimpíada" como sinônimo de "olimpíadas" ou jogos olímpicos. Um fenômeno de simplificação. O mesmo em que talvez tenham embarcado diretores de redação para evitar dúvidas. É possível que alguns achassem complicado haver diferença de significado entre "olimpíadas" e "olimpíada". Supondo que fosse esse o raciocínio, basta lembrar várias palavras que no plural significam coisa diferente do singular: bem (o que é bom), bens (propriedades); copa (taça), copas (naipe de baralho); féria (renda diária), férias (descanso); honra (estima), honras (cargos, dignidades); zelo (esmero), zelos (ciúmes).

É possível também que os autores de um manual de redação tenham se distraído no exame do significado e levado outros à mesma distração.

O fato é que o poder multiplicador e simplificador de jornais, revistas, rádio e TV tende a acabar com a diferença de significado entre o singular e o plural nesse caso.

O melhor seria que chamassem as olimpíadas de jogos olímpicos e abandonassem essa história de "olimpíada", que é, convém repetir, o período de quatro anos entre duas celebrações dos jogos. Jogos olímpicos são comemorações de uma olimpíada; faziam parte da solenidade de abertura dela.

Convém lembrar, a propósito, que oficialmente os primeiros jogos olímpicos foram disputados no centro religioso chamado Olímpia, na Grécia antiga, em 776 a.C. Daí o nome. Olímpia era célebre por seu santuário a Zeus Olímpico, o Deus supremo dos gregos. A ele eram dedicados os jogos de quatro em quatro anos. Depois dos sacrifícios e procissões religiosas, havia disputas durante três dias. Era um período de trégua entre as cidades gregas, por mais feroz que fosse a guerra entre elas. Os vencedores recebiam coroas de louro e eram exaltados como heróis. Mais ou menos como os deputados que defendem a aposentadoria depois da duríssima labuta de oito anos. Duas olimpíadas inteiras.

O SUPORTE DO GERENCIAMENTO

UMA NOTÍCIA de trinta linhas de jornal sobre informática foi salpicada cinco vezes com a palavra "suporte": "serviços e suporte a clientes", "problemas que chegam ao suporte", "nosso suporte assume", "mudanças no suporte", "o CompaqPhone dá suporte gratuito".

No onda do informático "suporte", a prefeitura de Praia Grande, São Paulo, batizou seu serviço de saúde de "USA — Unidade de Suporte Avançado", sigla e palavra estampadas em uma de suas ambulâncias, vista em São Paulo.

Em todas essas situações, a palavra "suporte" foi utilizada em seu magnífico sentido inglês de "apoio". Quer dizer, em vez de utilizar "ajuda", "amparo", "apoio", "assistência", "assistência técnica", "auxílio" — palavras criadas pelo bom Deus em nossa indigitada língua para ser usadas nesses casos, o redator contaminado pelo informatês, filho do inglês, utilizou "suporte". É assim em todas as publicações que tratam do assunto.

Como o idioma da cultura dominante tem mais força, e as línguas se interpenetram e se enriquecem, parece natural acolher "suporte" numa boa. Mas é triste a pobreza vocabular que reduz a nomeação de várias atividades ao anglicano "suporte" com desprezo por palavras vernaculares que definem matizes não contemplados pelo vocábulo importado.

Coisas da vida.

A BOA MÃE DO POLÍTICO

UM BOM ANALISTA de coisas do esporte escreveu o seguinte:

> *[...] pedir a volta do Clube Atlético Linense, aquele que o Pratinha conhece a história de cor [...]*

É óbvio que ele sabe que na variante chamada culta deveria escrever essa frase assim:

> *[...] pedir a volta do C.A.L., aquele* de *que o Pratinha conhece a história de cor [...]*

Basta lembrar que se conhece a história "de", e o "de" tem de aparecer em algum lugar: sempre antes do "que".

Ou:

> *[...] pedir a volta do C.A.L., aquele cuja história o Pratinha conhece de cor [...]*

Ou, eliminando "aquele":

[...] pedir a volta do C.A.L., cuja história o Pratinha conhece de cor [...]

Melhor, mais clara e menos pedregosa é a versão com "cuja" sem "aquele" .

Por que ele não escreveu de uma dessas duas formas bem aceitas pela maioria dos sábios que mexem com a língua? Talvez tenha escrito e sido sabotado pelo computador, como costuma acontecer.

Pode ser também que tenha preferido a forma coloquial futebolística porque na crônica esportiva a regência considerada correta — conceito relativo — às vezes soa pedante, pernóstica, levemente afrescalhada até, diriam pessoas rudes. Sim, porque as indiscutíveis "cuja história" e "de que conhece a história" de fato soam um tanto afetadas. Que se há de fazer se é assim que a norma escrita culta impõe?

De todo modo convém relembrar o bom uso do pronome "cujo", que dá ideia de posse, pertinência, propriedade e significa "do qual". Como varia em gênero e número (cujo, cuja, cujos, cujas), refere-se à palavra anterior e concorda com a posterior:

Aquele político, cuja mãe se comporta tão bem, vota pensando nela.

É claro que "cuja" (consequente) está concordando com a mamãe do simpático político (antecedente).

No caso da frase esportiva, Linense é o antecedente, o dono da história, assim como a mãe teve a ventura de ter gerado aquele filho político; conclui-se que é a mamãe dele.

Não fica bem dizer nem escrever portanto, de acordo com a estrutura de frases lidas e ouvidas por aí:

O político, aquele que a mãe se comporta tão bem...

Tampouco:

O político que a mamãezinha se comporta tão bem...

Muito menos:

É bonita a garota que nós fomos jantar na casa dela.

Podem pensar que o prato principal foi a garota, coisa condenável.

Usos como esses são muito frequentes nas publicações mais votadas e costumam gerar lágrimas por aí. Chora-se também quando se veem coisas como "cuja a mãe" e "cujo o pai"; é uma grosseria empregar artigo depois de "cujo".

No capítulo da lembrança positiva, convém dar mais exemplos de uso indiscutível e positivo de "cujo":

É bonita a garota em cuja casa fomos jantar.

O deputado de cuja boa mãe falamos defende aquela empreiteira.

O deputado a cuja mãe nos referimos foi recebido pelo presidente.

É ótimo o deputado com cuja mãe falamos na esquina.

A MORTE DE "HAVER"

DOIS TEXTOS de cadernos nobres de jornais de São Paulo e do Rio parecem indicar que o verbo haver com sentido de existir está indo para o beleléu. Pobrezinho:

> *[...] ele permite ao leitor saber o que tem em uma página*
>
> *Tem gente achando que acabaram [...]*

Em passado próximo se escreveria sem remorsos "o que há" em vez de "o que tem" e "há gente" no lugar de "tem gente". É a linguagem oral invadindo a escrita.

Há coisa melhor do que isso. (Ou já será "Tem coisa...?") O suplemento de cultura de um jornal reproduziu dez estrofes do pintor e poeta vitoriano Edward Lear (1812-1888) — todas iniciadas com a forma verbal inglesa *there was* = havia. Junto, a tradução — "tinha". Verdade que o Lear era um pândego, e os versos são jocosos. Mas "tinha" por "havia" até em suplemento cultural?

Parece que o tradutor quis manter o tom brincalhoso de Lear e achou que com “tinha” no lugar de “havia” se aproximava mais da informalidade dos versos:

> *There was a Young Lady [...]* (Tinha uma Jovem [...]).
>
> *There was an Old Man [...]* (Tinha um Velho [...]).

E assim por diante.

No papo do Congresso ou das esquinas, “ter” tomou o lugar de “haver”, e até soa pedante alguém dizer:

> *Há gente que pensa que cachaça é água.*

Ou:

> *Você sabe o que há em cada copo?*

Ou:

> *Há uma gota de sangue em cada poema.* (Mário de Andrade)

É o velho problema do uso da variedade linguística apropriada a cada situação. No entanto há registros de que se usava “há” até em expressões populares:

> *O que é que há com seu peru?*

Mas isso passou. Agora é só dar adeus a esse velho “haver” e esperar que seja feliz em Portugal, já que não conseguiu sê-lo aqui. É o que ajuda a comprovar o imortal Sarney em explicação sobre a arte de bem governar:

> *São problemas que sempre existem. Governar é assim mesmo. Tem problemas. Agora, é aquilo que Churchill dizia: a democracia é um regime difícil, mas não tem outro melhor.*

"Tem" problemas e não "tem" outro. Por todos os marimbondos de fogo!

O então ministro da Educação Paulo Renato Souza confirmou a suspeita do falecimento de "haver" na Pátria Amada. Em reunião com os secretários de Educação do país inteiro, falou e disse:

> *É um compromisso que quero assumir, de que no ano que vem não tenha nenhuma criança fora da escola.*

Isso mesmo. Substituiu o "haver" e usou o subjuntivo, que expressa dúvida, incerteza, não o futuro do indicativo, que aponta a certeza possível: no ano que vem não "terá" (haverá) nenhuma criança fora da escola. Sem dúvida. E fomos todos felizes para sempre.

A VARA ETRUSCA

OS ETRUSCOS ERAM radicais com os redatores que confundissem a preposição "a" com a forma verbal "há", de haver. Punham o redator confuso de bruços na escrivaninha de trabalho (eles falavam "escrivaninha" em vez de mesa) e davam-lhe três varadas de marmelo na bunda nua diante de toda a redação. Se o computador é que havia errado, eles o jogavam no rio Tibre. Tèvere para os íntimos. Em três anos e meio não havia mais quem cometesse tal confusão. Isso ocorreu no século VIII a.C.

Por aqui, em nossos tempos de lulal euforia, o tratamento é menos radical: não há tratamento. Por exemplo, uma revista publicou a seguinte legenda do gráfico sobre eleições, intitulado "Quem sai na frente":

> *Há nove meses das eleições municipais, alguns nomes já começam a despontar nas principais capitais brasileiras.*

Não convém falar da rima rica que enfeita o textículo — municipais, principais, capitais —, mas "HÁ" nove meses das eleições que vão ocorrer?

O redator distraído escreveu algo equivalente a "as eleições vêm aí *faz* meses" ou "daqui *há* meses teremos eleições..."

Redator criativo. Ou computador rebelde. Essa é por certo maneira original de chamar a atenção para uma notícia. Não há quem tenha lido uns dois livros, mesmo que de magos ou de autoajuda, que não pare surpreso para reler a extraordinária peça.

O redator sabe, é claro, que para eventos por ocorrer usa-se a preposição "a", que o Criador criou para isso mesmo:

> *Daqui* a *um ano e meio, quando houver novas eleições, o pemedebê apoiará o provável vencedor.*
>
> *A nove meses do nascimento do filho do Gianechini...*

Sabe também, por certo, que o "haver" impessoal foi feito para lembrar o passado:

> *Lula foi eleito há (faz) quase sete anos com a promessa de que acabaria com o toma lá dá cá.*

Esse "há", como aprendemos na infância, pode ser substituído por "faz", coisa impossível quando se fala de fatos por vir, com "a":

> *Ele diz que não quer ser reeleito daqui* a *um ano.*

É só tentar substituir esse "a" por "faz" para perceber que haverá na frase tanto sentido quanto acreditar que o Congresso tem moral para fazer CPIs. Qualquer CPI.

Exposição fatal

Em texto sobre regimes alimentares e cuidados com a silhueta, o autor distraído trocou o "há" pelo "a". Seria o mesmo do texto anterior, arrependido e trocando os sinais?

> *A estudante Adriana Santos Lacombi, 19, está no 'Sete Voltas' a cinco semanas fazendo um tratamento para ganhar peso.*

Está "a" cinco semanas? Cacilda!

Sabemos todos que a preposição "a" é utilizada em orações com fenômenos por ocorrer; a preposição "a" indica, portanto, o futuro, entre outras coisas:

> *Daqui a algum tempo o governo optará pelo povo.*

Quanto ao velho e maltratado "há", de haver, refere-se ao passado e pode ser substituído por "faz", também impessoalmente.

> *Há (faz) muito tempo o governo, qualquer governo, optou pelo povo.*

Logo, é fácil concluir:

Adriana está no 'Sete Voltas' há *cinco semanas.*

Publicou mais sobre a magra moça:

Se ela se expor demais, vai correr riscos...

E o caso de *"se ela se expor demais"?*

É óbvio que o computador quis dizer:

Se ela se expuser demais, vai correr riscos...

Expor é composto do verbo pôr e como ele se conjuga.

De fato, há muita confusão entre o futuro do subjuntivo (puser, puseres, puser, pusermos, puserdes, puserem) e o infinitivo pessoal (pôr, pores, pôr, pormos, pordes, porem). Não só desse, como de outros verbos irregulares. Ocorre que nos verbos regulares esses tempos são iguais: infinitivo e futuro perfeito do subjuntivo — andar, andares, andar, andarmos, andardes, andarem; comer, comeres, comer, comermos, comerdes, comerem; partir, partires, partir, partirmos, partirdes, partirem.

A formação do futuro do subjuntivo é simples: toma-se a terceira pessoa do plural do pretérito perfeito do indicativo, nosso conhecido passado perfeito (comeram, expuseram), tira-se o sufixo (am) e tem-se a primeira pessoa do futuro perfeito do subjuntivo — andar, comer, partir, expuser. Os nomes são longos e chatos como os programas políticos, mas o processo é simples: expuser, expuseres, expuser, expusermos, expuserdes, expuserem. Claro que sempre com "s", porque nenhuma forma de "pôr" e derivados leva "z", já dizia dona Olga no pré-escolar.

No caso de saudável dúvida, basta olhar um bom dicionário, que indica as conjugações mais difíceis. É só procurar o infinitivo: expor. Mas convém ter desconfiômetro, aparelho que falta a alguns repórteres, redatores, computadores, representantes do povo e governantes.

A hipótese de distração é uma das possíveis para explicar o "se ela se expor". Outra é a seguinte: o repórter ou redator admira a literatura regional realista e está apenas reproduzindo a fala do povo. A frase "Se ela se expor demais, vai correr riscos" foi dita por um major da Polícia Militar. Pois Guimarães Rosa não reproduziu com tanta felicidade a fala da moçada do sertão? Sim, deve ser isso.

"O grande sertão é a forte arma. Deus é o gatilho?", pergunta Rosa. Não. Não é. É o povo. Sempre na ponta da língua dos candidatos e na ponta da chuteira dos governos.

Pelé e a placa

Pelé ofereceu uma placa ao então atacante corintiano Marcelinho Carioca pelo belo gol que fez contra o Santos. Marcelinho encobriu o zagueiro com um toque raro do lado de fora do pé e colocou a bola no canto do gol de Edinho antes que ela caísse. Já faz tempo, mas o tempo aqui não interessa.

Na placa, a gravação com um texto em que se lê, entre outras coisas, "[...] pelo gol que você fez em cima do meu filho Edinho".

Para que o Marcelinho tivesse feito o gol "em cima" do Edinho, seria preciso que o goleiro estivesse com ele na cabeça ou nos ombros. Quem sabe num bandejão, de onde o sorridente saci chutaria com precisão. Será isso?

Os jogadores agora fazem gols "em cima" dos goleiros e falta "em cima" dos adversários. Por que será? Linguagem colorida e criativa de locutores esportivos. O que eles criam de expressões antológicas prontas para se eternizar é uma grandeza.

É possível que essa história de fazer falta "em cima" de alguém seja culpa de um ou mais atacantes pequeninos. Zagueiros rudes se acostumaram a passar por cima deles literal e distraidamente. Dentro das quatro linhas, claro. Depois percebiam uma coisinha se mexendo, olhavam para o ex-tapete verde e lá estava ele — embaixo. Daí então o muito justo "em cima" que se alastrou como catapora, provavelmente por culpa do estridente narrador Gavião Bueno.

Agora só nos resta ir pra cima deles, correr atrás do prejuízo, apesar do péssimo estado do gramado, enquanto o árbitro não estraga o espetáculo. Maravilha!

Pelo menos não falam que o Pelé "consignou um belo tento", como se lê em arquivos de velhos jornais. Mas seria o caso de reverem essa história de fazer faltas ou gols "em cima" de quem quer que seja. Antes dessa epidemia, dizia-se que o Kaká havia feito um gol no Santos, no Botafogo, no Parma ou contra um ou outro. E que o zagueiro Arranca-Toco tinha feito a falta em Romário, em Ronaldinho ou em outro atacante irreverente.

BANANA PARA TODOS

DISSE A APRESENTADORA do noticiário de TV que os postos de combustível foram multados porque estavam praticando preços abusivos.

"Praticando" preços?

"Praticar" preços até em noticiário — escrito — de TV, que costuma ter linguagem mais concisa e mais cuidadosa do que a de jornais? Não estariam os donos de postos "cobrando" preços abusivos?

O economês chegou bravo mesmo. É doença contagiosa e pelo jeito irreversível. Daqui a pouco os feirantes estarão gritando:

> *Banana boa, boa banana, madame! Se falta em casa, leve daqui! Estamos praticando os melhores preços da praça!*

O poeta e os Mamonas

O POETA E TRADUTOR José Paulo Paes foi homem sábio e respeitável. Mas, de acordo com entrevista a *Veja*, disse o seguinte:

> *Oferece-se aquilo que todos gostam. E o que todos gostam não tem gosto de nada.*

Afirmação discutível, mas aqui só importa a forma. Pode ser que ele de fato tenha dito isso, preferindo a regência popular do verbo "gostar", para não parecer pedante, porque ele sabia muito bem que se gosta "de" alguma coisa. Se estivesse escrevendo, é quase certo que teria escrito:

> *Oferece-se aquilo de que todos gostam. E o de que todos gostam não tem gosto de nada.*

Regência algo pedante, não? Ou:

> *[...] E aquilo de que todos gostam não tem gosto de nada.*

Pode ser também que a entrevistadora tenha escrito assim para que a frase fluísse melhor, sem o caroço de dois "des", considerando que todos sabem estar lá implícito o "dezinho" de gostar. Sim, pode ser.

Disse mais o entrevistado, de acordo com o texto:

> *Não se deve atribuir funções à poesia.*

Assim, com o verbo no singular, popularmente, sem se importar com o sujeitinho "funções" no plural, de acordo com a norma culta. Se tivesse escrito ele mesmo a simpática frase, por certo escreveria, para desgosto de alguns linguistas que defendem no texto a naturalidade da fala:

> *Não se* devem *atribuir funções à poesia.*

O mais notável, no entanto, foi o que ele disse, se bem disse, sobre os falecidíssimos componentes do grupo musical Mamonas Assassinas, quando a repórter estranhou a admiração dele por eles e perguntou:

> *Só para entender: o senhor coloca Mamonas no mesmo patamar que Chico Buarque ou Cole Porter?*

Resposta de Paes:

> *É a chamada cultura de entretenimento. Chico Buarque e os Mamonas estão nessa categoria. Cole Porter pode ser um pouquinho acima da média. É assim mesmo.*

Nada de estranho com a forma, mas, homessa!, exclamaria Roberto Campos. Será que ao falar em "categoria" estaria Paes colocando os Mamonas no mesmo nível do centroavante Chico Buarque? Será? Ou teremos todos entendido mal e "categoria" venha a ser apenas um grande guarda-chuva que englobe de Chitãozinho e Erasmo Carlos a Chico, Caetano e Jobim?

Estaria ele se referindo às dez categorias descritas por Aristóteles? Ou às 12 batizadas por Kant de conceitos fundamentais?

Se não quis ir tão longe e falava de um popular guarda-chuva, conclui-se por esse critério pouco rigoroso que José Ribamar de Araújo Costa, dito Sarney, é uma feliz fusão de De Gaulle com Proust; que Lula é nosso Lincoln; que Paulo Coelho está ali, ó, com Goethe; que Gerald Thomas está ombro a ombro com Shakespeare; que Fernando Henrique é uma simbiose de Franklin Roosevelt com Max Weber; que Marta Suplicy é nossa Joana D'Arc; que Garotinho, Quércia, Maluf, Fleury, Jader Barbalho e vários, vários outros são versões nacionais de são Francisco de Assis; e assim por diante.

Haverá o encontro comunicado?

O jornal da TV anunciou à noite:

> *Hoje o presidente Luiz Inácio Lula da Silva foi comunicado da visita do papa ao Brasil.*

"Foi comunicado da visita"? O texto lido dos jornais de TV, principalmente o Nacional, costuma ser bom e bem escrito, a não ser por distrações regionais como o "récorde" carioca em vez do nacionalizado recorde, que tem de rimar em português com "acorde".

Uma surra como essa na regência do verbo "comunicar" soa estranho. Verdade que às vezes se apanham maus-tratos dessa natureza em jornais por aí:

> *Os deputados foram comunicados de que o pleito deles será atendido.*
>
> *O doutor Maluf foi comunicado de que a acusação contra ele foi rejeitada pela Justiça.*
>
> *O governador foi comunicado da invasão dos sem-terra...*

Em todos esses casos, o infeliz verbo comunicar foi utilizado indevidamente com a regência e o significado de "avisar", "informar", "cientificar".

O fato simples em relação à regência de comunicar é o seguinte: comunica-se algo *a* alguém. Comunicar, portanto, é transitivo direto para coisa e indireto para pessoa, isto é, ele rejeita preposição para coisa e exige o "a" para pessoa. Pelo menos tem sido assim até agora.

Isso significa que o presidente não pode ser "comunicado de" coisa nenhuma, porque esse verbo não funciona assim. Pelo menos de acordo com a variante culta da língua, que os jornalistas procuram usar.

O presidente pode ser avisado de algo, informado de ou sobre algo, cientificado de alguma coisa, advertido de que a coisa vai bem, muito bem.

No sentido de fazer saber, participar, transmitir uma informação a alguém, comunicar só se entende com a preposição *a*. Jamais se comunica alguém "de" alguma coisa ou "sobre" alguma coisa.

> *O presidente comunicou ao povo a intenção de passar pelo menos seis meses por ano no Brasil.*

Por isso, teria sido melhor o seguinte texto com relação à visita:

> *O presidente Lula foi informado de que o papa tentará encontrá-lo em Brasília com a ajuda do bom Deus.*

Problema mortal

Disse a locutora do jornal de TV noutro dia sobre a tragédia da hemodiálise de Caruaru, em que morreram 65 pessoas contaminadas por uma bactéria chamada microcistina:

> *O problema que matou os pacientes em Caruaru estava na água.*

Drama tristíssimo, mas aqui só se discute a forma da notícia. A locutora disse que "o problema matou" pessoas. Problemas matam?

O agente mortal não terá sido a toxina liberada por algas encontradas na água não tratada? A causa maior não terá sido o descuido na área da saúde e na área social?

Problemas talvez não matem, mas costumam gerar aflições que às vezes matam. É só lembrar o problema da terra. As palavras, no entanto, podem matar a notícia. Ou a mortificada língua.

As vezes ou às vezes?

Uma boa articulista, comovente por sua capacidade de se indignar com os males desta vida, escreveu sobre alguém "que fazia às vezes" de um parente.

O acento no "a", nesse caso, foi típico de engano do computador. "Fazer as vezes", sem acento, é que significa substituir, ocupar o lugar.

Não tem parentesco com "fazer às vezes", acentuado, que significa fazer (algo) de vez em quando, porque "às vezes" significa de vez em quando, de quando em quando; é locução adverbial muito usada, sabemos todos. E "fazer as vezes" só se usa às vezes, na verdade muito pouco, raras vezes.

Aquele senhor faz as vezes de político honesto e às vezes até que engana bem.

O povão faz as vezes de palhaço. Mas sempre, não às vezes.

O presidente de um país grande da América do Sul faz as vezes de pai da pátria.

Alguns deputados podem fazer as vezes de madre Teresa de Calcutá, porque são honestos, altruístas, honestos, limpinhos de coração, honestos, amigos do povo. E, claro, honestos.

O BISSEXTO E AS DESGRAÇAS

QUANDO O ACADÊMICO José Mindlin morreu, em 2010, foi chamado de escritor bissexto num dos comentários publicados sobre ele. Era acima de tudo bibliófilo e havia escrito três livros. Por que escritor bissexto? Porque sua atividade de escritor foi reduzida e ocasional, pouco frequente como os anos bissextos.

Anos bissextos, já se sabe, são aqueles de 366 dias, um a mais do que os outros; neles, fevereiro tem um dia a mais — 29.

Os anos bissextos se repetem de quatro em quatro anos, com o dia extra formado pelas seis horas a mais de cada ano, que se compõe de 365 dias e seis horas. São herança latina do calendário juliano. Os latinos não acrescentavam como nós o dia a mais do ano bissexto no fim de fevereiro e sim depois do dia 24, que era o sexto (*sextus*) antes das calendas. O dia intrometido depois do sexto, portanto, era batizado de *bis sextus*, o segundo dia sexto, nosso querido bissexto.

Por que o dia 24 de fevereiro era chamado de sexto? Porque os latinos contavam os dias de trás para a frente a partir de três datas fixas: calendas, nonas e idos.

As calendas (*calendae*) indicavam o primeiro dia de cada mês; as calendas de março eram, pois, o dia primeiro de março. Daí para trás vinha o segundo dia antes das calendas de março (28/2); o terceiro dia antes (27/2) etc., até o sexto dia a contar das tais calendas — 24 de fevereiro atual, o *sextus*.

Introduzido o segundo sexto (*bis sextus*), o mês inchava e ficava com 29 dias. O dia bissexto, o atual 25 do ano excepcional, era nefasto, e nele se esperavam desgraças; o imperador fazia longos discursos, dizia que a miséria de Roma ia acabar se todos ajudassem, mas que sem reformas (tributária, política etc.) não dava, coisa e tal porque o Congresso atrapalhava (lá, o Senado). E lá vinha medida provisória. Não era mole.

Depois, o nome e a aura malévola desse dia aziago passaram para o ano todo. Algumas pessoas acreditam até hoje nos maus eflúvios do ano bissexto.

Agora felizmente as desgraças do ano bissexto estão bem distribuídas por todos os anos, de forma que não precisamos nos preocupar muito com elas.

A DOR DO ÓBVIO

OS JORNAIS BRASILEIROS publicaram vastas reportagens sobre o atirador que matou 32 pessoas na Tasmânia, ilha turística ao sul da Austrália, integrante da Comunidade Britânica. Um pequeno texto complementar, integrado ao principal, foi brindado com o seguinte título:

Rainha Elizabeth lamenta tragédia.

Não é surpreendente? Quem poderia imaginar que a rainha lamentaria, nem que fosse por real gentileza, a tragédia ocorrida numa das nações em que ela reina?

Há quem diga que uma das tristezas do jornalismo é a obviedade insultuosa. Será o caso de menosprezar assim a inteligência do leitor que já sofre tanto com os desgovernos que o assolam?

Não que os títulos tenham necessariamente de ser surpreendentes, brilhantes, inusitados, se a notícia não o é, como diria um bom congressista.

Mas "Rainha lamenta tragédia?" Por todos os josés dirceus!

Até a obviedade merece respeito. Por que não dizer com simplicidade que a rainha mandou mensagem de pesar? Sim, porque essa foi a notícia, e o óbvio às vezes dói se não for bem cuidado.

Uma pena!

Pobres mães...

Um professor e jornalista escreveu o seguinte:

> [...] *saber se primeiro se faz o bolo e depois se o distribui, ou se se fazem as duas coisas ao mesmo tempo.*

Sim, sim, "[...] e depois se o distribui [...]", escreveu ele.

Essa receita de distribuição de renda foi atribuída ao então todo-poderoso ministro Delfim Netto. Ele nega. Mas a forma que inclui o "se o distribui" não é dele. Nem importa dizer de quem é.

O fato é que a dupla de pronomes "se o" com o mesmo verbo constitui boa forma de escrever em francês, porque aí o "se" exerce estranha função alheia à nossa língua.

Coisas como "se o distribui", "não se a vê", "se o fez", "para que se as execute" saíram publicadas por aí ou foram ouvidas de sábios juízes e congressistas. Esses que brindam a si mesmos com benefícios a aposentadorias generosos. Eles não sabem que não fica bem pessoas de respeito falarem e escreverem desse jeito. Do mesmo modo, não fica bem lembrar o que o povo pensa deles. Nem importa.

Importa é que as noções correspondentes se traduzem em português da seguinte forma civilizada:

Ninguém as vê
em vez de:
Não se as vê.

Fez-se isso (algo, alguma coisa)
em vez de:
Se o fez.

Para que as execute
em vez de:
Para que se as execute.

Primeiro se faz crescer o bolo e depois o distribuem.
Ou:
Primeiro se faz crescer o bolo para depois distribuí-lo.

É isso mesmo.

O QUE É "TRIPOLIA"?

EM BOA REPORTAGEM sobre as estripulias do governo na área energética, o repórter escreveu:

> *Mas, também, por uma gama de tripolias político-administrativas.*

"Tripolias"?

Que se saiba, eles são acusados de estripulias ou estrepolias ou estropelias ou tropelias. São variantes que significam bulha, travessura. Mais do que isso: embrulhada, desordem, conflito. Tropelia vai mais longe; também significa prejuízo, dano. Um gentil eufemismo, no caso?

As quatro — estrepolia, estripulia, estropelia e tropelia — são variantes registradas nos dicionários. O *Aurélio* só registra estripulia e tropelia.

Tropelia é a base de todas. E todas são provenientes de "tropel, ruído ou tumulto produzido por multidão a andar ou a se agitar, 'tropear estrepitoso de cavalos'. Do antigo francês *tropel*, derivado do frâncico *throp*, registra Antônio Geraldo da Cunha no *Dicionário etimológico Nova Fronteira*".

Por que tanta estripulia ou tropelia por causa de uma palavra? Para mostrar como os computadores se enganam. Estariam cruzando, inocentes, "tripudiar" com "estrepolia"? O resultado talvez tenha algo que ver com o desdém pela Justiça, que tanto tarda e tanto falha.

Da coelhada à confusão

O jornal publicou na primeira página que o homem de Neandertal e o *Homo sapiens* "conviveram na pré-história, mas não reproduziram entre si".

[...] não reproduziram entre si?

Esse textículo é parte do resumo da notícia publicada em página interna. Só que aí o redator escreveu que "as duas espécies de ser humano tiveram contato, mas não se reproduziram entre si". E fez bem em utilizar o verbo "reproduzir" como pronominal (*se* reproduziram), que é no sentido de perpetuar-se pela geração, como dizem os dicionários.

Os políticos reproduzem-se como amebas.

Sem o pronome, "reproduzir" significa tornar a produzir ("Os políticos reproduzem benefícios para si mesmos"); apresentar novamente ("Os políticos reproduzem argumentos para beneficiar-se"); descrever ("Os eleitores reproduziram a boa impressão que têm dos políticos"); imitar, reeditar ("Os políticos reproduziram as leis que mantêm as aposentadorias especiais"); copiar ("Os políticos regionais reproduzem as vantagens dos congressistas").

Tudo isso, embora o *Dicionário prático de regência verbal*, de Celso Pedro Luft (editora Ática), registre a possibilidade de utilizar "reproduzir" sem o pronome, com o sentido de "perpetuar-se pela geração". Mas ele fez isso baseado num único exemplo do falecidíssimo Coelho Neto, citado por Laudelino Freire: "[...] só requer espaço para criar e reproduzir". Distração do seu Coelho, claro, porque ele era um preciosista terrível com sua pena de pato que gerou mais de cem livros. Além do mais, o que vale é a frequência de uso e não as parcas exceções, por coelhais ou machadianas que sejam.

A maioria dos autores, exceto o do computador responsável pela "chamada" de primeira página e o da coelhada do Neto, usou e usa "reproduzir" como pronominal nesse sentido. É possível que o computador tenha achado estranho o "se" e o "si" juntos no "não se reproduziram entre si" e resolvido eliminar um pronome. "Para que dois?", terá perguntado ele a si mesmo com seus neurônios eletrônicos.

É a regência consagrada e assim será até que, de tanto ser violada, perca o pronome.

HABITAT OU HÁBITAT?

A CONFERÊNCIA MUNDIAL sobre os Assentamentos Humanos, a Habitat II, em Istambul, Turquia, levantou uma pequena dúvida linguística. Na verdade, uma dúvida envergonhada diante de tantos problemas sérios. "Habitat" ou "hábitat"? Com ou sem acento? Um jornal registrou o nome da conferência sem acento; outras publicações a acentuaram. Por quê?

O nome da conferência não deve levar acento porque foi dado pela ONU, em inglês, que incorporou formas latinas com casca e tudo. "Habitat" é forma verbal latina: terceira pessoa do singular do presente do indicativo de *habitare*, habitar. Significa, portanto, "habita". É palavra já incorporada ao inglês e ao português como substantivo significante de "lugar de vida de um organismo". Ou "total de características ecológicas do lugar específico habitado por um organismo ou população", diz o *Aurélio*. Em outras palavras, conjunto de condições de organização e povoamento pelo homem do meio em que vive, como bem diz o *Houaiss*. Só que o *Aurélio* a registra com acento, tratando-a como proparoxítona que é: "hábitat", embora o *Vocabulário ortográfico da língua portuguesa*, oficial, a registre entre as palavras estrangeiras, da mesma forma que *deficit*, ambas como latim, sem acento. Mas alinha no corpo principal o regionalismo português "défice", tradução adaptada de *deficit*, e "superávit", aportuguesado. Distrações dos editores do Volp. O *Dicionário escolar da Academia Brasileira de Letras*, no entanto, anota *habitat, deficit e superavit*, assim, em latim, sem acento.

Ocorre que o *Aurélio* havia se transformado numa espécie de léxico oficial. Pelo menos até a chegada do *Houaiss*. E deve-se admitir que, no aportuguesamento de palavras incorporadas, convém que elas se ajustem às regras da língua, com acentos, cedilhas, o que der e vier. Como, aliás, fizeram com "superávit" os editores do *Volp*, o vocabulário oficial brasileiro. E os do *Aurélio*, acentuando todos esses latinismos absolutamente integrados ao léxico português. Daí "déficit" (falta, deficiência, prejuízo) e "superávit" (lucro, excesso da receita sobre a despesa).

De volta à Habitat II, é claro que em relação a nomes de pessoas, entidades ou ocorrências oficiais, como foi esse encontro, o melhor é respeitar a grafia oficial, mesmo que contrária às normas da língua. Portanto, Habitat II.

SER FEMININO OFENDE?

EM ARTIGO TRADUZIDO, o jornal publicou:

[...] numa grand tour agitada.

Houve uma pequena mistura de feminino com masculino. Nestes tempos há mesmo certa confusão na área, para gosto de uns e desgosto de outros. Mas *tour* (giro, volta) é palavra francesa masculina, e seus acompanhantes de fato deveriam assumir o mesmo gênero: "num *grand tour*". Provavelmente o computador se confundiu com *tourné*, passeio, viagem, palavra feminina.

Na mesma edição e caderno, sob o título "Brad Pitt francês", a pergunta: "O que lhe atraiu no personagem?"

"O que lhe atraiu?"

Há gente que sofre por causa desse "lhe" malcasado com o verbo que rejeita complemento preposicionado. Enquanto os sulistas misturam verbos na terceira pessoa com pronomes na segunda ("Se você for, eu te vejo lá." em vez de "Se você for, eu o vejo"), há regiões, do Rio para o norte, em que se emprega o "lhe" vejo, "lhe" atraiu, "lhe" comeu, com verbos transitivos diretos, os que devem ser complementados pelos pronomes "o", "a". Ver alguém, comer algo ou alguém, atrair alguém. Não "ver, comer, atrair A alguém". O "lhe" substitui complementos preposicionados: "Recomendo-lhe cautela", porque recomendo cautela A alguém; "Dou-lhe meu amor", porque "Dou meu amor a você".

Só que a salada de pronomes costuma ocorrer na linguagem oral, no papo distraído e descontraído do boteco. Na escrita algo formal de uma publicação algo ambiciosa, para não dizer pretensiosa, não fica bem. Que tal um dicionário de regência verbal? Mas é preciso ter dúvida, que não assalta certos redatores e governantes.

Na mesma edição aparece "a *vernissage*", seguida logo depois de um "a *marchand*".

Sabemos todos, ou quase todos, que a palavra francesa *vernissage*, que se internacionalizou, é substantivo masculino — "*le vernissage*". Significa o dia anterior ao da inauguração duma exposição de pintura ou a própria inauguração ou abertura da exposição de obras de arte. *Vernissage* (ação de envernizar), porque se supunha que antes da abertura da exposição os artistas davam a seus quadros a última demão de verniz. É o que lembram o *Aurélio* e o *Houaiss*, que registram estrangeirismos invasivos, quase todos tão dispensáveis quanto a maioria dos políticos e o horário no rádio e na TV dedicado a eles. Dispensáveis, mas que vieram para ficar, pelo menos por enquanto. Os estrangeirismos, não os políticos; esses estão aí, infelizmente para sempre.

Quanto a *marchand*, em francês, comerciante, negociante, mercador, também é palavra masculina. Em português, óbvio estrangeirismo sempre usado para designar negociante de obras de arte, especialmente quadros. *Marchande* é o correspondente feminino. Pega mal, de fato, botar um "a" diante do masculino, a não ser como graçola ou ofensa cabeluda que às vezes pode gerar até pancada. A menos que a criatura, se for racional, considere desimportante a diferença de gêneros. Ou, no caso, de sexo.

Pisando no tomate

O redator de assuntos cinematográficos escreveu sobre o personagem interpretado pelo ator Kirk Douglas, de *Assim estava escrito*, velho filme lançado em DVD:

> *[...] ele busca ajuda de pessoas que projetou e pisou.*

O redator usou surpreendentemente o verbo "pisar" sem preposição. Surpresa, porque nestes tempos se usa muito esse verbo com a preposição "em":

> *Não pise na grama.*
>
> *Não pise no meu calo de estimação.*
>
> *Pise onde quiser, menos no meu coração.*

Só que os clássicos usaram "pisar" quase sempre sem preposição:

> *Não pise seus inimigos.*

Quanto ao verbo "buscar", não há dúvida de que não precisa de preposição para se unir ao complemento. As pessoas buscam alguma coisa; buscam amor, paz, ajuda, dinheiro, felicidade. Nada de preposição junto de "buscar". É o que os especialistas chamam de verbo transitivo direto; ele se liga diretamente ao complemento. Como "pisar" em sua regência clássica e correta.

Atualmente, no entanto, cada vez mais pisa-se "em" coisas e "em" pessoas, como o oportunista Kirk Douglas no ótimo filme de Vincent Minnelli: usou e pisou. Como fazem alguns governos com o povo que os elege e os mantém:

O governo pisa o povo que o elege.

O DIA EM QUE O "SE" ESPÚRIO BRILHOU

UM COLUNISTA de jornal escreveu a propósito de desvios de dinheiro, negociatas, coisas raras entre nossos políticos:

> *Como diria o Conselheiro Acácio, são coisas difíceis de se explicar.*

Por que "[...] coisas difíceis de *se* explicar"? Por que o infeliz "se"?

Qual será a função e a utilidade do "se" nessa oração e em outras do gênero? Nesses casos o "se" persegue o verbo no infinitivo impessoal ("explicar", no caso). Infinitivo, todos nos lembramos, é uma das formas nominais do verbo, o nome dele: dar, comer, dormir, pôr. É o verbo tomado no sentido genérico.

Convém relembrar que expressões como essa, marcadas pelo verbo no infinitivo, rejeitam o "se"; têm asco a ele. Ou dele ou por ele.

Para nunca mais usar o "se" apócrifo, basta lembrar a centenária expressão "osso duro de roer", de estrutura semelhante, que ninguém, nem o mais singelo escrevedor, jamais teria coragem de dizer ou escrever "osso duro de roer-*se*".

A simpática estrutura compõe-se de um adjetivo (duro) mais a preposição "de" mais o infinitivo ("roer"). Nesses casos, tais adjetivos — duro, mole, fácil, difícil, bom, mau, ruim e outros semelhantes —, acompanhados da preposição, já emprestam forma passiva ao infinitivo; aí não há necessidade, portanto, do pronome "se".

É "osso duro de roer", "coisas difíceis de explicar", "matéria dura de entender", bom de seguir, fácil de convencer, boa de comer etc.

Enfiar o "se" numa dessas estruturas equivale a duplicar doentia e irracionalmente a passividade. Com o "se" no meio, essas estruturas desdobradas equivalem a algo peculiar da linguagem búlgara arcaica. Assim: "duro de 'se' ser roído", "difícil de 'se' ser feito", "coisas difíceis de 'se' ser explicadas" e assim por diante.

Percebe-se facilmente que o tal "se" pode ser introduzido em qualquer outro sítio, porque nessas estruturas não vai bem.

Tão útil quanto esse, e semelhante, é o "se" da estrutura formada pela preposição "para" mais o verbo no infinitivo impessoal. Na verdade é uma variação da anterior, só que não formada necessariamente com adjetivo. Os exemplos desse uso distraído são tirados de jornais. Num pequeno comentário sobre um filme, o redator cinematográfico orientou duas vezes:

> *[...] há filmes melhores para se ver no sábado...*
>
> *[...] já é um motivo bastante bom para se assistir ao cartaz da Band.*

Um sábio comentarista de economia também escorregou:

> *Dá para se imaginar uma colheita [...]*

É tão óbvia a sobra do "se" nessas estruturas que dá para pensar (não "para 'se' pensar") que os escrevinhadores estavam brincando. Filmes para "se" ver? Bom para "se" assistir? Dá para "se" pensar?

Cacilda!

Outros casos tirados de jornais e revistas com o infinitivo maculado pelo "se" espúrio, que alguns chamam de expletivo ou reforçativo, como se houvesse necessidade de reforçar alguma coisa:

> *Convém notar-se a presença dela...*
>
> *Foi maravilhoso ver-se a interpretação...*
>
> *É preciso prestar-se atenção...*
>
> *É necessário obedecer-se às leis.*
>
> *Foi fácil comprar-se ingressos.*
>
> *Impossível avaliar-se os estragos que o governo fez contra o povo.*
>
> *Assim, não haveria nada a se fazer contra uma empresa que não aceita homossexuais...*

Não é uma graça? Deve-se mandar o "se" dessas frases para onde se deveria mandar a moçada que legisla em causa própria: lixo com ele e com eles. Convém tomar (não "tomar-se") cuidado com os "ses" que insistem em macular a frase e o verbo no infinitivo.

Não se pode esquecer de que o infinitivo já aconchega no seio fofo a ideia de indeterminação, de generalização. Por isso repele o "se" como a maioria das pessoas repele a maioria dos políticos.

Pouco adianta teorizar, lembrar que o infinitivo costuma ser sujeito ou complemento, que o verbo é transitivo direto ou indireto. Se não for clara a função do "se", deve-se desconfiar dele como desses governos edificantes. Boas leituras costumam afinar os ouvidos, como diria o Conselheiro.

Agora os exemplos decentes, sem o "se" arrivista: "É preciso pensar no futuro", "era de ver a farra que os congressistas fizeram com a bufunfa pela convocação extra", "no momento de puxar a fila", "no combater a corrupção", "é possível duvidar do governo?", "era uma delícia amar aquela mulher", "para enfrentar as necessidades", "é necessário arrombar a porta", "é comum assistir à dedicação dos políticos", "o mau uso do 'se' é fácil de identificar", "um modo de purgar os pecados", "para comprar um político venal, basta oferecer um pouco mais", "nas Alagoas há muitos métodos de matar desafetos".

Naturalmente há casos de convivência harmônica entre o "se" e o infinitivo. Alguns deles:

1. "Se" reflexivo:

   Jogando daquele jeito, o Ronalducho pode cansar-se.

   O deputado está disposto a vender-se barato. (Ou: a se vender barato.)

   Ele quis arrogar-se o direito de se reeleger. (Ou: de reeleger-se.)

2. "Se" sujeito de verbo no infinitivo:

   Não vá deixar-se trair por sua namorada e o lobista.

3. Palavra de realce, em literatura:

   Ir-se embora.

   Morrer-se de amores.

4. Com verbos pronominais:

> *Apiedar-se, arrepender-se, congelar-se, derreter-se, esquecer-se, gabar-se, magoar-se, suicidar-se.*

De tempos passados inesquecíveis:

> *Paulo César Farias, o PC do Collor, estava pronto para suicidar-se quando alguém o suicidou antes.*

O ATAQUE DO PLURAL-FANTASMA

COM A MORTE DE Paulo César Farias, o tesoureiro do Collor, e sua, assim dita, namorada, jornais, revistas e locutores anunciaram "as mortes de PC e de Suzana".

Por que "as mortes"?

Falaram também em "as posições dos corpos"?

Por que "as posições"?

Por que se investigaram "as identidades" dos possíveis autores ou mandantes do crime, se é que houve algum?

Por que o juiz espera "as substituições" de Kaká e Ronaldinho?

Por que Lula recebeu "as visitas" dos simpáticos deputados e senadores que lhe foram levar "seus apoios"?

Seria bom lembrar que esse plural inspirado na língua inglesa é indevido em nossa língua. Foi do latim para o inglês, mas não chegou ao português.

Exemplos dessa distração comum em jornais recentes:

> *[...] que não causam perturbações nos espíritos das gerações seguintes.*

[...] Patrícia Pillar, José Wilker, Glória Menezes e Tarcísio Meira garantiram suas participações ao vivo [...]

Foram quase quatro anos de nossas vidas.

O filme Íntimo e pessoal *conta com as participações de Robert Redford e Michelle Pfeiffer.*

Em boa língua formal escreve-se ou diz-se:

A polícia investigou a morte (não "as mortes") *de PC e de Suzana.*

A posição (não "as posições") *dos corpos parecia ser natural.*

Investiga-se a identidade (não "as identidades") *dos facínoras.*

Lula recebeu a visita (não "as visitas") *e o apoio* (não "os apoios") *desinteressado dos amáveis políticos.*

A morte (não "as mortes") *de PC e de Suzana foi causada por duplo suicídio.*

[...] que não causam perturbação (não "perturbações") *no espírito* (não "nos espíritos") *das gerações seguintes.*

[...] Patrícia e José [...] garantiram a participação (não "suas participações")

Foram quase quatro anos de nossa vida (não "nossas vidas").

O filme Íntimo e pessoal *conta com a participação* (não "as participações") *de Robert Redford e Michelle Pfeiffer.*

Dez milhões de pessoas já perderam o emprego (não "os empregos") *por causa da crise.*

Com a entrada (não "as entradas") *de Kaká e de Pato...*

A direção da empresa colocou uma pessoa no lugar (não "nos lugares") *das três despedidas.*

O povo espera a volta (não "as voltas") *de Collor e de sua senhora para carregá-los nos ombros.*

Em latim é que o nome da coisa possuída costuma ir para o plural quando há mais de um possuidor. Isso ocorre principalmente quando a coisa possuída representa dom, qualidade, tem certo caráter espiritual ou é parte singular do corpo ou do ser: nariz, cabeça, testa, pescoço, fígado, coração, mente, alma, espírito etc.

Entreguemos as almas a Deus, se escreveria em latim.

Em português:

Entreguemos a alma a Deus.

Exemplo em latim:

Sursum corda habemus.

(São palavras da missa que precedem a elevação, citadas como exortação a sentimentos elevados.)

Tradução literal: "Temos os corações para o alto."

Na boa tradução, elimina-se o plural: "Temos o coração para o alto", que equivale a aproximadamente "elevemos o coração para o alto".

O inglês, no entanto, tem a peculiaridade em que dois ou mais possuidores levam a coisa possuída para o plural. E é do inglês, convém repetir, que vem a contaminação para o português: *The japanese's noses are small*. Literalmente: "Os narizes dos japoneses são pequenos."

Em português honesto: "O nariz dos japoneses é pequeno."

Convém repetir: em português não prosperou o plural latino/anglicista. Cá entre nós, a coisa, propriedade (alma, nariz, coração, seja o que for) dos exemplos alienígenas que se refere a mais de um sujeito (nós, japoneses etc.) fica no singular abrangente e suficiente. Um exemplo de interesse mais nacional, com todo o respeito:

Elas passaram balançando o bumbum.

O TRENZINHO VERBAL

O CARRO FOI LEVADO pelo que antes chamavam eufemisticamente de "amigo do alheio", e a atendente do seguro informou:

> *Eu vou estar dando ao senhor a lista dos documentos que o senhor precisará estar providenciando.*

Depois:

> *A seguradora vai estar acionando o despachante que vai estar procurando o senhor em 24 horas para estar preparando o processo junto ao Detran. O senhor deverá estar pagando os honorários do despachante.*

Depois:

> *Se o carro não aparecer, o senhor vai estar sendo reembolsado em sete dias úteis.*

Estranhamente não disse — não disse —, "ao estar se despedindo": "Vou estar desejando bom-dia ao senhor."

Mais ou menos na mesma época, um comunicado do Unibanco, agora incorporado ao Itaú, informou aos clientes:

> *Ao assumir as operações do antigo Banco Nacional, o Unibanco traçou o objetivo de atender ainda melhor seus clientes, ampliar seus negócios e oferecer novas perspectivas. O primeiro passo está na possibilidade de estarmos ampliando o seu limite de crédito atual no cheque especial.*

Sim, sim. "Estarmos ampliando" o seu limite de crédito, que bom.

Seria demais esperar que escrevessem "atender melhor *a* seus clientes" em vez de "atender seus clientes", já que "atender" se dá bem com a preposição "a" nesses casos. Vá lá, o uso de atender alguém já se difundiu. Melhor ficar no "estarmos ampliando".

Essa forma de encadear verbos como vagões de trem — o verbo auxiliar no presente, o gerúndio e mais o infinitivo "estar" — tornou-se carimbo de atendentes, telefonistas, recepcionistas, gerentes de banco e até de alguns professores. No caso do informativo bancário, faltou o infinitivo, mas a fórmula é a mesma, ainda que incompleta.

Por que costuma "vir estar acontecendo" uma coisa dessas? Será uma forma de amaciar a expressão verbal? Fugir ao compromisso? Parecer mais formal? Por que as pessoas falam assim? Ecos das conjugações perifrásticas do inglês? Inspiração shakespeariana? Será saudade da inflação? Do pleno emprego? Da infância que o tempo levou?

Jamais saberemos por que a moça da seguradora e outras não falam simplesmente "vou lhe dar" em vez de "vou estar dando"; "precisa providenciar" em vez de "precisará estar providenciando"; "vai procurá-lo" ou "vai procurar você" em vez de "vai estar procurando o senhor"; "vai providenciar" em vez de "vai estar providenciando"; "será reembolsado" em vez de "vai estar sendo reembolsado", e assim por diante até o fim dos tempos.

(Sem contar o "junto ao" Detran em vez de "no Detran".)

De acordo com alguns comunicados secretos espirituais, alguns deles psicografados, soube-se que os habitantes da Atlântida falavam assim. Pesou tanto que o continente afundou. Afundou também porque adoravam o Deus-Mercado que de vez em quando balança.

Vamos estar agradecendo a eles.

Clara Schumann no lar

A DAMA QUE APRESENTAVA o programa *Novidades Viva Música*, na Rádio Cultura FM, de São Paulo, anunciou já faz tempo:

Neste ano Clara Schumann faz cem anos de morte.

"Faz cem anos de morte"?

Várias voltas deve ter dado o cérebro da apresentadora para produzir tal oração. Essa sintaxe era comum no aramaico. Eles diziam, com os caracteres apropriados:

Moisés fez 3 mil *anos de morte.*

A propósito, dizem muito más línguas que a ótima pianista Clara Schumann — Clara Wieck quando solteira — andou bicando o jovem Brahms, hóspede na casa dela e do marido, o neurastênico Robert Schumann. Quer dizer, além do estímulo profissional do marido, que o admirava, Brahms recebeu também a ajudazinha que se poderia chamar de emocional de Clara nas horas vagas. Mas tal maledicência pouco importa, e disso a apresentadora não falou, felizmente para um programa cultural de bom nível.

Importa mesmo é que ela disse, convém repetir, que "neste ano Clara Schumann faz cem anos de morte".

Estranhíssima forma de dizer que "Clara Schumann morreu há cem anos" ou que "em tal ano faz (ou fez) cem anos que Clara Schumann morreu" ou que "neste ano se comemora (ou se comemorou) a morte de Clara Schumann".

Disse mais a apresentadora, que não se poderia chamar de estilista da língua. Disse que certa loja oferece "discos de preços interessantes, preços baratos". Sim, isso mesmo: "discos de preços interessantes, preços baratos".

É muito interessante saber que há "preços interessantes". Mais interessante ainda é saber que ainda e sempre há profissionais da palavra que falam em "preço barato".

Quem estiver interessado em coisa tão interessante deve lembrar-se de que os preços podem ser altos ou baixos, talvez até bons ou maus. E que a mercadoria, sim, é que pode ser cara ou barata, custar caro ou barato.

Muito interessante.

O PÔR DE SOL E O PLURAL

UM PÔR DE SOL É ÓTIMO. Mas como se chamam dois deles?

"Pôr de sóis" foi a forma publicada numa revista de turismo, que falava da beleza de praias do Ceará, principalmente ao entardecer. O texto tentava ser poético, mas derrapou no plural dessa expressão, que, antes do último Acordo Ortográfico, era escrita com hifens.

É "pores de sol", claro.

Nesses casos o verbo "pôr" se substantiva, perde o acento que o distingue da preposição "por" e flexiona-se como bom substantivo. Há uma orientação que define o plural de nomes compostos unidos por preposições: só o primeiro elemento vai para o plural. Vale também para expressões antes hifenizadas formadas por dois nomes relacionados por preposição: aspirantes a oficial, cabeças de bagre, generais de brigada, mulas sem cabeça, pães de ló etc. E, claro, pores de sol.

A esse grupo de nomes junta-se outro, de natureza semelhante, embora sem preposição. Neles, como nos do grupo acima, em que o primeiro elemento é o núcleo, e o segundo, o modificador, só o primeiro deve ir para o plural: canetas-tinteiro, carros-bomba, cavalos-vapor, empresas-fantasma, relógios-pulseira etc. São dois substantivos, e o segundo transmite a ideia de finalidade ou semelhança em relação ao primeiro. Mas não há rigor nessa orientação: os dicionários registram também canetas-tinteiros, empresas-fantasmas etc.

Em geral, quando os dois elementos dos nomes compostos são variáveis (substantivo + substantivo, substantivo + adjetivo, adjetivo + substantivo), ambos se pluralizam: decretos-leis, lugares-comuns, puros-sangues.

Só o segundo elemento varia, no entanto, quando a primeira palavra é invariável ou verbo (não no infinitivo): mal-entendidos, ave-marias, quebra-galhos.

Quando os compostos são formados pela repetição da mesma palavra, só o segundo elemento varia: empurra-empurras, lambe-lambes.

Do mesmo modo, só o segundo elemento varia se os nomes compostos são formados por palavras onomatopaicas, as que imitam sons: pingue-pongues, pisca-piscas, tique-taques.

Estas maltraçadas não têm a pretensão de esgotar o assunto. Mesmo porque há muitas exceções impostas pelo uso. O fato é que o plural dos compostos vem a ser quase tão complicado e obscuro quanto as justificativas dos parlamentares para dar a si mesmos reajustes salariais superiores aos do resto da humanidade e outras vantagens. Por isso, em caso de dúvida, o melhor é examinar o dicionário e conformar-se, porque a ortografia não foi feita para afligir ninguém, já disse o poeta. Qualquer poeta.

Entrando para dentro

Pena que um atilado jornalista especializado em economia tenha terminado seus comentários sobre um banco com a seguinte frase:

> *Todas essas especulações estão à espera do desfecho final do episódio.*

Às vezes as pessoas se esquecem do significado das palavras e escrevem tais coisas. "Desfecho final" equivale a algo como "ortografia correta", "origem etimológica", "morte decisiva", "entrar para dentro", "sair para fora", "político honesto". Coisas assim. Expressões como essas, em que as duas palavras têm mais ou menos o mesmo sentido, merecem a simpática classificação de pleonasmo vicioso.

Não o pleonasmo utilizado como recurso estilístico, para reforçar a ideia ("vi com meus próprios olhos", "viver uma vida feliz"), mas a redundância distraída, que pessoas mal-humoradas chamariam de tolinha.

Basta dissecar os exemplos acima: ortografia significa escrita correta; a etimologia trata da origem das palavras; a morte costuma ser decisiva porque põe fim à vida neste vale de lágrimas; quando se entra, é para dentro, no bom e no mau sentido; quando se sai, é para fora; e os políticos, nem é preciso dizer, já carregam neles a noção de honestidade, claro.

O que importa, no entanto, é "desfecho", que, sabemos todos, significa conclusão, termo, remate, epílogo, resultado, desenlace, fim, desenredo.

Terá sido um acidente? Quem sabe não foi sabotagem do computador o casamento malogrado do substantivo "desfecho" com o adjetivo "final"? Poderia ter sido pior. Ainda bem que ele — o computador ou o redator — não escreveu que estamos todos "à espera da conclusão do resultado do desfecho final".

O QUE FAZER COM O ACENTO

POR QUE SE PÕE ACENTO em formas verbais seguidas de pronome, como "atribuí-lo", conjunto formado por "atribuir" + "o"?

Há casos em que, ao perder o *R*, o *S* ou o *Z* para combinar com pronomes átonos, algumas formas verbais passam a terminar em *I* ou *U*, sem formar hiato: condu-la (conduz + a), dispu-las (dispus + as), diverti-lo (divertir + o), fi-lo (fiz + o), preveni-o (prevenir + o), previ-a (previr + a), produ-los (produz + os), qui-las (quis + as) e assim por diante. Convém lembrar que o pronome átono O/A transforma-se em LO/LA ao ligar-se a essas formas verbais. Outra lembrança, provavelmente desnecessária: hiato é o encontro de duas vogais, uma em cada sílaba: baú, caí. Isso antes e depois do último Acordo Ortográfico.

Claro que quem usa algumas dessas saladas verbo-pronominais deve ser congressista, deputado, vereador ou pessoa que bebeu um pouco. Ou é candidato. Em tais casos não há acento, claro, porque os verbos passam a integrar a regra das oxítonas terminadas em *I* e *U*, sem hiato. Sem formar hiato, é bom repetir, e, portanto, sem acento. Nada de acento em palavras como caqui, Parati, Itu, jacu, Pacaembu, mu, nu, tu e semelhantes.

Não fica bem confundir casos como os de "fi-lo", "qui-lo" e quetais com o de verbos que, ao perderem o *R*, o *S* ou o *Z* por causa do pronome, transformam-se em oxítonas terminadas em *A*, *E* ou *O*: amá-la, comê-la, pô-la. Ou, o caso da dúvida, terminadas em I, com hiato. Com hiato, passam a integrar alegremente a fraternidade das palavras oxítonas em *I* e *U* hiatadas. Então recebem acento, como todas as da família: aí, apiaí, Avaí, jacuí, Jundiaí, Anhangabaú, baú, Esaú, Itaú, teiú, tuiuiú etc.

Exemplo dessas formas verbais com pronomes e os acentos indiscutíveis, para usar em cartas de amor: atraí-las-íamos, atribuí-lo, contraí-los-á, distraí-lo-íeis, distribuí-lo, subtraí-lo-ão e outras do repertório de preciosistas camilianos como o edificante senador José Sarney.

NÃO, NADA, NONADA, NUNCA

ALGUMAS PESSOAS ESTRANHAM a dupla negação nas orações em português, embora tenham nascido na pátria amada e conheçam a língua desde a infância. Talvez porque lembrem que em lógica e matemática duas negativas resultam em afirmação.

No latim também, mas não em português. Nem em francês. Faz parte da sintaxe de nossa língua o reforço formado pela dupla negação. A língua é assim, que se há de fazer?

Em português, a dupla negação reforça a negativa. Está certo, portanto, dizer que "não haverá nenhuma criança fora da escola daqui a 107 anos" como "não haverá criança alguma fora da escola no Brasil no século XXII". (Do jeito que a coisa vai, se houver Brasil, talvez nem haja mais crianças.)

Outro exemplo:

"FHC, Lula, Serra, Aécio, Maluf, Sarney, Kassab e outros não querem nada com o poder."

Está claro nessa oração que nenhum deles quer coisa nenhuma com o poder. Poderia ser também "[...] nada querem com o poder".

Mas a dupla negativa "não tenho nenhum" preocupa algumas pessoas. Alguns chegam a dizer que "Não quero nada" significa que "quero alguma coisa".

Claro que não. Não em português.

Em português é assim, em boa frase de um de nossos legítimos representantes no Congresso:

"Eu não quero nada do governo; estou votando nas reformas de acordo com minha consciência" ("consciência", nesse caso, igual "con$ciência".)

"Eu não quero nada" continua significando que não quero coisa nenhuma, neca, nonada, picas, como dizem pessoas rudes e registram o *Aurélio* e o *Houaiss*. "Não quero nada" é negativa perfeita e reforçada. Tem o sentido de não, no, non, no, non, non, nein, niet.

Rui Barbosa, escreveu:

> *Ninguém nunca jamais reconheceu...* (Discursos e conferências).

O luso Castilho:

> *De que nunca jamais foi nem sequer aberto.*

São várias negativas juntinhas e harmoniosas reforçando a ideia de negação.

Machado de Assis:

> *A agulha não disse nada.*
>
> *A linha não respondia nada; ia andando.*

Camilo Castelo Branco:

> *Não há relação nenhuma entre sensibilidade moral e as raízes capilares.*

E Antônio Pereira Figueiredo, na tradução da Bíblia:

A nós não é permitido matar ninguém (João, 18:31).

São incontáveis os exemplos de dupla negação de autores variados, de Gil Vicente a Gisele Bündchen, passando por todos os portugueses e brasileiros que usaram da pena com brilho. Enumerá-los seria quase tão agradável como a *Voz do Brasil* ou o encantador horário político obrigatório.

Os amantes da lógica e da matemática não devem estranhar, porque a dupla negativa é comum também no francês:

Nul ne l'ignore (Ninguém ignora isso).

Elle compte sur votre amour et non pas sur votre pitié (Ela conta com [quer, espera] seu amor e não [nunca] [com] sua piedade).

Não é demais lembrar o patriótico verso de Bilac:

Criança! Não verás país nenhum como este!

Poderíamos dizer também de cada governo que se instalou, de Jânio em diante:

Criança! Não verás governo nenhum como este!

Nunca!

A MÚSICA E OS GOVERNOS

O comentarista musical de uma de nossas folhas escreveu a palavra "contracenso":

> *Tenho certeza de que isso vai mudar, afinal, é um contracenso pensar que a natureza tenha gerado uma geração com Caetano, Chico e Gil [...]*

Não é preciso falar na vírgula distraída depois de "afinal" nem na criativa trinca "gerado uma geração". Nem seria preciso lembrar que "contracenso", com "c", é um contrassenso no contexto. Censo existe, sim, mas é um conjunto de dados estatísticos dos habitantes de um lugar. Coisa mais para o IBGE do que para digressões musicais. E "contracenso" não existe, porque ainda não descobriram nenhuma boa ideia contrária a um censo benfeitinho.

Desconfia-se, portanto, que o comentarista quis dizer "contrassenso", só com "esses", referindo-se a juízo, siso, raciocínio, tino, dicernimento, entendimento, capacidade de julgar.

Nada disso tem muita importância, a não ser para lembrar que as questões ortográficas podem ser resolvidas sem dificuldade com o dicionário. Mas, para isso, é preciso ter desconfiômetro. Duvidar sempre faz mal para a saúde, mas bem para o texto. É só ver o que a falta de dúvidas causa aos governos e, pior, aos governados: os governos pisam no tomate da certeza permanentemente, e o povão vira massa informe esfomeada.

Um contrassenso, porque houve tempo em que ensinavam que os governos existiam para proporcionar bem-estar ao povo. Sem brincadeira.

Madonna e Asmodeu

Em texto sobre a aventurosa vida da cantante Madonna e a produção independente da filhota, antes que ela começasse a adotar crianças africanas, o jornal a comparou com a atriz Demi Moore, que apareceu nua e grávida na capa da *Vanity Fair*:

> *[...] com a mão na barriga protegendo sua filha do meio, Scout Larue, ainda embalada pelo ácido amniótico.*

"Ácido amniótico" — foi o que publicou o jornal. Será que é ácido daqueles que corroem? Quem leu esse texto talvez tenha temido que o bebê não sobreviveria ao ácido materno.

Parece que o redator se confundiu com qualquer coisa como ácido lático, porque o caldinho em que flutua o feto no útero é o líquido amniótico — líquido, não ácido. E o líquido amniótico não é ácido, como pode ser um líquido como o suco de limão ou, pior, o ácido sulfúrico.

Para ser específico, o líquido amniótico se refere ao âmnio, o saco membranoso que envolve o embrião dos vertebrados superiores, como o ser humano, a fim de protegê-lo contra choques e aderências. Daí bolsa amniótica e o suave líquido amniótico em que flutuamos felizes antes de encarar este mundão bravo.

Verdade que, pelo jeito, nem todos os seres supostamente humanos que habitam este mundo devem ter flutuado assim e nascido de forma natural. Dizem que alguns, sobretudo políticos corruptos e enganadores do povo, desses que pululam por aí, surgiram das entranhas de Lúcifer ou de Asmodeu, sem escalas pelas vias naturais. Esses, sim, é quase certo que tenham flutuado em soluções ácidas antes de aparecer neste mundo. Sabedeus.

ÍNDICE

A

à com acento, 66, 128

acentos

de mais, 121

estranhos, 360

novas regras, 29

raros, 26

acorde e harmonia, 211

acrografia, 177, 246

acupuntura, 185

aforismo x aforisma, 161

aids, 246

alto e baixo, 70

ano bissexto, 325

Antártida x Antártica, 152

apreciar/apreciação, 191

artigo repetido, 274

as vezes/às vezes, 323

atraidor, 265

auto, 243

aval/avalista, 260

B

bagatela, 205

barato/caro, 70, 354

bastante/muito, 267

bujão x botijão, 167

C

cada, 198

cerca de, 281

chegar (regência), 283

clareza, 163
com água/de água, 18
comemorando a morte, 354
"como um todo" (expressão viciosa), 100
comum/normal, 21
comunicar (regência), 320
concordância verbal, 108
cônsul, consulesa, 125
contrassenso, 365
corvos e abutres, 254
culposo/doloso, 196
currículo, 258

D
de mais/demais, 117
de ouro/em ouro, 17
déficit, 335
desde, 291
dessarte/destarte, 151
detalhe (sentido), 57
deter, "deteu", 142
devido a, 196
dia a dia, 41
dióxido de carbono/monóxido de carbono, 194
distração, 186, 203
dublê, 200

E
"ebóla" (pronúncia correta), 157
embaixadora, embaixatriz, 125
entre mim, 38
envolver, 78
epiceno (substantivo de um só gênero), 140
estático x extático, 171
estripulia/tropelia, 331
exageros, 317
êxito/exitoso, 189
expressões
da moda, 75
suavizadas, 145

F
face a/em face de, 256
falso cognato, 207
falta "em cima", 314
fazer, verbo vicário, 149
fetichismo x feiticismo, 181
flexibilizar, 213
franzir, 43
frase torta, 123
futuro do subjuntivo, 311

G

gerúndio, 79, 351

H

há por a/a por há, 91, 155, 309, 311

hábitat, 335

hermafroditismo, 202

I

imperativo, modo verbal em desuso, 102

impropriedades, 15

infinitvo pessoal, 311

L

legendas óbvias, 83

lhe inconveniente, 91

lhe, 337

libido/líbido, 73

linchar, 46

linguagem policial, 179

líquido amniótico, 367

lugar-comum, 78, 120, 238

M

mal x mau, 155

marchand, 337

meio cheio/meio vazio, 231

Mercosul, 177

metáforas, 218, 220

monopólio/oligopólio, 187

moral (a)/moral (o), 287

N

na/no ou com, 239

negação dupla, 362

neologismos, 35

nomes plurais (concordância), 131

O

obviedades, 110, 183, 225, 269, 278, 294, 327

Olimpíada/Olimpíadas, 298

onde/aonde, 19

oração adjetiva, 163

os graus da circunferência, 144

P

pagar alguém/pagar
a alguém, 58
palavras
em desordem, 295
mal colocadas, 115
da moda, 176
partes do corpo
enumeradas, 251
e possessivos, 249
particípio regular/irregular
(verbos abundantes),
137
pisar/pisar em, 340
pleonasmo, 61, 72, 358
plural
compostos, 356
em -éis e -éus, 112
indefinido, 347
pô/puser, 311
porcentagem/percentagem,
134
praticar preços, 316
preposições
casadas, 252
em falta, 227
problemas que matam, 322
pronomes
de tratamento, 52, 173
e flexões verbais, 63
e verbos, 146
pronúncia duvidosa, 233
próprio/problema, 216
pupila (significados)/reitor,
113

Q

que
com preposição/cujo, 303
e preposição, 317

R

real, reais, 97
regência verbal, 222
reproduzir/reproduzir-se,
333

S

saudade, 235
se apassivador, 317
se
apassivador, 271
inútil, 89, 342
"se o", união indigesta,
329

sigla, 246
silicone x silício, 169
só/sós, 241
sorriso nos lábios, 43
superávit, 335
suporte, 301

T

ter/haver, 306
todo-poderosa, 297
tom e colcheia, 209
topless, 279
tour, 337
trocas, 24
trompete, 229

U

um dos que, 105

V

ver e vir: confusão no futuro do subjuntivo, 33
verbo transitivo, 289
vernissage, 337
verossimilhança, 31
vírgulas impróprias, 94

X

Xuxa e Sasha, 71

Este livro foi impresso na tipologia Charter BT,
em corpo 10/15,5, e impresso em papel off-white 80 g/m²,
no sistema Cameron da divisão gráfica
da Distribuidora Record.